TRENTE ANS DE BITUME
ou
Le parcours d'un homme dans la police

Rue des Ecoles

Cette collection accueille des essais, d'un intérêt éditorial certain mais ne pouvant supporter de gros tirages et une diffusion large.

La collection Rue des Ecoles a pour principe l'édition de tous travaux personnels, venus de tous horizons : historique, philosophique, politique, etc.

Déjà parus

Denis PAGOT, *Souvenirs d'un marin de la Ve République*, 2009.
Jean-Louis ORAIN, *Des champs de blé noir à l'action humanitaire internationale (1936-1986)*, 2009.
Jo ANGER-WELLER, *Les Retrouvés. Récit*, 2009.
Jean-Claude TRABUC, *Comme un jeune arbre qu'on déracine*, 2009.
Fernand WEBER, *Malbrough s'en va-t-en guerre*, 2009.
Hervé TRNKA, *Algérie 1956. Des Chtis en Oranie*, 2009.
Lucien TAUPENOT, *Un médecin d'hier se souvient. Hippocrate en Bourgogne*, 2009.
Farid MEBARKI, *Etre maghrébin et policier. La police, de l'intérieur*, 2009.
Gilbert-Claude TOUSSAINT, *Revenir pour revivre ! Algérie 1957*, 2009.
Pauline ABBADIE DOUCE, *Graines de rencontres*, 2009.
Marie GUICHARD, *Un cancer pour deux*, 2008.
Yves RANTY, Aurore MACHEMY, *Le triomphe de la santé. Tout malade est un bien portant qui s'ignore*, 2008.
Jacques FRANCK, *Le vieux communiste. Parcours du militant*, 2008.
Ayissi LE DUC, *Art de la danse et spiritualité*, 2008.
Joseph BONNET, *Le Chemin de Compostelle. Témoignage*, 2008.

Gérard Gatineau

TRENTE ANS DE BITUME
ou
Le parcours d'un homme dans la police

L'HARMATTAN

© L'Harmattan, 2009
5-7, rue de l'Ecole polytechnique ; 75005 Paris

http://www.librairieharmattan.com
diffusion.harmattan@wanadoo.fr
harmattan1@wanadoo.fr

ISBN : 978-2-296-09946-3
EAN : 9782296099463

Introduction

« La garantie des droits de l'homme et du citoyen nécessite une force publique ; cette force est donc instituée pour l'avantage de tous, et non pour l'utilité particulière de ceux à qui elle est confiée ».

Déclaration des droits de l'homme et du citoyen, 26 août 1789, article 12.

Dès mon entrée dans la police, le 2 novembre 1968, j'ai envisagé de raconter ma vie de flic au quotidien, de raconter ce que vit un policier dans son existence de tous les jours, sans frontières, dénué de tout romantisme. Je voulais aussi démontrer qu'un homme, progressiste dans ses idées, pouvait faire ce métier que le monde ouvrier perçoit comme ultraréactionnaire voire fascisant.

Pour ce faire, je me suis mis à archiver toutes mes interventions, à conserver des articles de presse, des notes de service, sans vraiment savoir si je pourrais aller au bout de ma pensée. Après 30 ans en tenue sur la voie publique et 10 ans de réflexions, je me suis enfin décidé à réaliser mon projet de base.

A travers ce livre, je n'ai voulu narrer que du vécu, rien que des affaires où j'ai été directement impliqué, pour que le lecteur comprenne bien ce qu'est la vie d'un flic au quotidien, en ayant comme modèle, dans un milieu particulièrement hostile à tout ce qui touche de près ou de loin aux idées novatrices, la Déclaration des droits de l'homme et du citoyen. Mes interventions, ma façon d'agir, mon discours se sont inspirés de cet article et j'ai toujours tenté de véhiculer ce principe fondamental auprès de mes collègues. 30 ans parsemés d'embûches, de chausse-trappes, de vrais-faux procès d'intention, de dénis de justice m'ont apporté la preuve que cette institution est bien la chasse gardée du pouvoir et encore plus ostensiblement quand il est situé à droite de l'échiquier politique.

De tout temps, le flic a été ressenti par le peuple comme un individu à part. Il représente le bras répressif du pouvoir et du grand capital, le pourfendeur de la démocratie, le matraqueur du manifestant.

Issu d'une famille ouvrière et prolétaire, luttant en tant que salarié du privé contre ce que l'on appelle les forces réactionnaires, entrer dans la police peut paraître à l'opposé même de mes convictions. Mais intégrer la police nationale me permettait de voir de l'intérieur, de comprendre et de lutter contre les méthodes employées, avec détermination. Je voulais aussi démontrer à tous qu'un gardien de la paix est avant tout un homme, un citoyen ordinaire, pouvant être à gauche à tendance marxiste et faire un boulot apparemment aux antipodes de ses idées.

Dans tous les pays du monde, quel que soit le régime politique en place, il existe une police. La question est alors de savoir quel rôle le gouvernement fait jouer au policier. La question politique est ouverte. Dans notre chère République française, l'image du policier est ternie par le rôle répressif qu'on lui fait jouer. Et pourtant, le flic est présenté comme une sorte de mythe. Son image, telle qu'elle est présentée, en fait un être à part. Dès l'école de police, le conditionnement et le lavage de cerveau, effectués par des « enseignants » uniquement des policiers triés sur le volet, se chargent de vous mettre en condition pour l'avenir. Combien ont laissé à la porte de l'école leurs propres convictions pour intégrer le moule administratif complètement orienté en faisant pour un grand nombre de simples consciences asservies ? Je n'ai jamais adhéré à ces méthodes. Mon positionnement s'est toujours déterminé en fonction de mes propres convictions et non en fonction de celles du gradé. Cela a parfois entraîné quelques problèmes et conflits.

Démolir aux yeux de l'Administration l'image du mythe du policier pour en faire un citoyen ordinaire n'a pas été du goût de tout le monde, y compris de certains policiers de base. Comment faire comprendre par exemple que la mort d'un policier en service n'est rien d'autre qu'un accident de travail au même titre que le couvreur qui se tue en tombant d'un toit ? L'un aura les honneurs des médias, voire des décorations à titre posthume, l'autre n'aura que l'indifférence générale, à la limite un entrefilet dans la presse locale. Pourtant, ce sont deux hommes égaux en droits et en devoirs qui ont perdu la vie. La peine des familles devant ce deuil sera identique. Mais notre société a toujours eu besoin de mythes pour s'identifier.

Je le répète, un flic est un homme, un citoyen, qui travaille pour faire vivre sa famille. Le flic est un citoyen qui vote, a une femme et des enfants, des soucis, des états d'âme, des faiblesses, comme tout à chacun. Mais il est investi d'une mission extraordinaire qui le dote de pouvoirs spéciaux dont il ne doit en aucune circonstance abuser ! C'est ce qui le rend mythique.

Je vais m'efforcer, à travers la narration de ces 30 ans de carrière, de vous faire vivre tout cela, tout en étant parfaitement convaincu que cette vision des choses ne recueillera pas l'assentissement de tous. Mais il est parfois judicieux d'avoir une autre version que la version officielle, édulcorée bien souvent, de tout ce qui pourrait faire un peu d'ombre et aller à l'encontre de ses orientations...

PARTIE 1

JEUNESSE

Chapitre 1

Grandir en Charente

Tonnay-Charente

Je suis né le 2 octobre 1943 à Tonnay-Charente, petit port de la Charente-Maritime au cœur de l'Aunis, dans la région Poitou-Charentes. La ville doit en partie sa réputation à la présence d'Athénaïs de Rochechouart de Mortemart, marquise de Montespan, longtemps surnommée la demoiselle de Tonnay-Charente, maîtresse de Louis XIV, qui vécut au château de Tonnay-Charente.

Tonnay-Charente se situe sur les bords de la Charente, à une quinzaine de kilomètres de son embouchure. La ville abrite l'un des plus vieux ponts suspendus d'Europe. Ce pont fut construit en 1842 sur les plans de Louis Dor, ingénieur en chef du département. L'idée avait été évoquée dès 1831 alors que les Charentais se lassaient d'utiliser le bac pour rejoindre l'autre rive du fleuve. Le choix se porta sur un pont suspendu afin de permettre aux trois-mâts transportant le cognac de remonter la Charente jusqu'à Angoulême. En 1935, le pont subit une rénovation complète de sa partie métallique. En 2004, il fut fermé entièrement pour rénovation complète des haubans, du tablier et de la maçonnerie. Jusqu'en août 2004, on pouvait encore le traverser à pied ou en deux-roues mais depuis, toute circulation est interdite. Avant sa fermeture définitive au trafic automobile, la circulation se faisait en alternance : en été, cela provoquait d'énormes bouchons dus aux flots de touristes qui descendaient vers Royan. Il est vrai que le passage par le pont transbordeur de Martrou à Rochefort-sur-Mer, autre route pour rejoindre Royan, était encore plus encombré. La déviation de Tonnay-Charente et la construction du pont de Saint Clément permirent de fluidifier le trafic au grand dam des commerçants qui y voyaient un certain manque à gagner pendant la période estivale.

Au XIIIe siècle, l'emplacement stratégique de Tonnay-Charente y permit la construction d'un port de commerce dont l'activité fut très importante pendant longtemps. Ce port présente la particularité d'une zone de retournement pour les bateaux : les cargos piquent le nez dans la vase et le courant de la Charente se charge de pousser la poupe pour les retourner. L'existence de cette structure portuaire amena, à partir du XIXe siècle, de grandes entreprises à s'implanter aux alentours. Au XXe siècle, cette cité ouvrière d'environ cinq mille habitants devait l'essentiel de son activité au dynamisme de trois entreprises : Saint-Gobain, Charvet et l'Asturienne. Mon père était ouvrier soudeur à l'usine Saint-Gobain.

Saint-Gobain fut créée en 1665 dans le cadre du plan de relance économique de la France voulu par Louis XIV et Colbert. Confiée à des entrepreneurs privés, la société a rompu dès l'origine avec la tradition artisanale des manufactures en organisant la production de la glace selon une logique industrielle. Grâce à une invention technologique décisive, le coulage du verre en table (1688), elle s'empare d'un quasi-monopole en Europe au XVIIIe siècle et prend le relais de Venise. A partir du XIXe siècle, le contexte nouveau de liberté économique et de concurrence internationale ouverte amène la compagnie de Saint-Gobain à sortir rapidement des frontières françaises et à organiser un espace européen de production du verre. Cette politique a entraîné des implantations du groupe en Allemagne (1857), Italie (1889) et Espagne (1904), bases historiques de son actuelle internationalisation. La première moitié du XXe siècle a été marquée par la diversification des applications du verre : laine de verre, fils de verre, verre creux.

L'usine de Tonnay-Charente fut implantée au bord de la Charente en 1888 par la Société des produits chimiques agricoles. Le port de commerce permettant l'appontement de cargos de 5000 tonneaux facilitait la livraison des matières premières. L'entreprise fut rachetée en 1899 par la société Saint-Gobain pour la fabrication de superphosphates. Elle recevait par bateau des pyrites d'Espagne et des phosphates du Maroc. De nombreux bâtiments furent construits entre 1888 et 1911 : ateliers divers, magasins, chaufferie, hangars. Le logement du directeur date des années 1900, le bureau-laboratoire de 1911. L'usine fut partiellement reconstruite en 1948 mais elle dut fermer définitivement ses portes dix ans plus tard. Depuis la cessation d'activité, une grande partie des bâtiments ont été démolis, une coopérative agricole y a construit un silo et utilise l'appontement sur la Charente. Quelques bâtiments sont occupés comme entrepôts par une société rochelaise.

Milieu familial

Tonnay-Charente. Hiver 1943.

Ma mère, Louise, surnommée Louisette, fréquente un jeune homme, le fils d'un agriculteur voisin. Histoire banale d'un flirt d'adolescents. Histoire d'amour de jeunesse. Quelques semaines plus tard, le garçon se rend en train à La Rochelle. Le train est arrêté par un passager qui tire le signal d'alarme. Les Allemands, alertés, viennent contrôler les wagons. Ils choisissent aléatoirement des otages, « pour l'exemple ». Mon père est de ceux-ci. Il est déporté à Buchenwald. Ma mère ne le sait pas encore au moment de l'arrestation, mais elle est enceinte. Mon père est transféré en Allemagne ignorant tout de cette grossesse. Ma mère a beaucoup souffert de cette séparation. Elle cherchera pendant longtemps à savoir ce que ce jeune homme était devenu. Elle sut plus tard qu'il était mort en déportation.

Elle me racontera l'histoire de ma naissance à l'âge de quatorze ans. Je sus que j'avais été conçu lors d'un bombardement. A ce moment dramatique, la peur terrassait chacun. Avant même d'avoir eu connaissance de mon existence, mon père disparut. Il est évident que cette origine joua sur le cours de ma destinée. Sans cet épisode, mon existence n'aurait peut-être pas été la même. Ce drame explique aussi probablement l'orientation de mes idées : mon anti-fascisme et mon aversion contre l'extrême droite. Aujourd'hui encore la simple évocation des camps nazis m'émeut jusqu'aux larmes.

Fille mère à dix-sept ans, démunie, ma mère me place alors en famille d'accueil. Je suis confié à une mamie, « Mémé ». Elle avait déjà élevé ma mère car ma grand-mère maternelle était lavandière : elle se rendait chez les gens pour laver leur linge. Son travail ne lui permettait pas de s'occuper de sa fille tout au long de la journée. Elle la confiait donc à la « Mémé ». Elle s'était occupée d'elle avec beaucoup de dévouement jusqu'à sa communion.

Mémé prit soin de moi. Son mari, qui décédera prématurément en 1947, devint mon parrain. Mémé n'avait jamais eu d'enfants. Elle me vouait une affection toute particulière. Elle m'a élevé pendant les deux premières années de ma vie et m'a vu grandir. Elle éprouvait à mon égard un véritable amour maternel. Plus tard, après que nous avions quitté Tonnay-Charente, j'allais souvent en vacances chez elle. Quand mes parents n'avaient pas les moyens de me payer le trajet en train pour la rejoindre, elle essayait, dans la mesure de ses possibilités, de m'offrir le billet. L'affection que nous partagions perdura jusqu'en

1977, année de sa disparition brutale. Elle décédera une semaine après mon mariage à l'âge de 82 ans.

En 1945, deux ans après ma naissance, ma mère épouse celui qui devient définitivement mon père : Jean. Il me reconnaît et me donne son nom. Naissent ensuite Françoise en 1945, Nicole en 1948 et Alain en 1949. Seul mon père travaille ; ma mère reste au foyer pour nous élever. Ma grand-mère maternelle vit aussi avec nous.

Ma grand-mère paternelle ne pardonnera jamais à mon père d'avoir épousé une fille mère et d'avoir adopté son enfant. Je suis très fier que mon père se soit imposé face à sa famille et qu'il ait su dépasser les préjugés et les conventions sociales. Mon père s'entendait par contre très bien avec mon grand-père. Ils travaillaient d'ailleurs tous les deux à l'usine Saint-Gobain de Tonnay-Charente.

De 1945 à 1951, nous habitons une petite maison mitoyenne à la maison de Mémé, dans le quartier du Moulin rose. Seul un mur sépare les deux habitations. Nous disposons d'un puits, d'un jardin et d'une dépendance dans laquelle mon père a installé une buanderie et un atelier. Les toilettes se trouvent au fond du jardin. Derrière la maison, il y a des champs. Notre logement, très étroit, se compose d'une chambre et d'une cuisine. Mes parents dorment dans la cuisine ; ma grand-mère, mes sœurs et moi partageons la chambre.

En 1951, nous emménageons dans l'un des appartements de la cité Saint-Gobain. L'usine se trouve en contrebas. Une importante dénivellation nous conduit aux rives de la Charente. Nous devons traverser un bois très ensablé, dans lequel nous trouvons fréquemment des coquillages fossilisés. Ce phénomène m'intriguera longtemps. A l'école, on nous avait appris que quelques milliers d'années auparavant, la mer arrivait jusque-là puis qu'elle s'était progressivement retirée une quinzaine de kilomètres plus loin ; les coquillages restant dans son sillage.

    La cité ouvrière, constituée de trois barres de huit logements, fut bâtie en 1929. Elle mettait à la disposition des familles d'ouvriers des appartements à loyer modéré. L'appartement que nous habitons, un duplex, dispose d'une grande cuisine et d'une chambre au rez-de-chaussée et de deux chambres à l'étage. Ce logement me semble vraiment spacieux. Mes parents dorment en bas. Je profite d'une chambre ; ma grand-mère, mes sœurs et mon frère partagent la troisième chambre. Il y a un petit jardin situé devant la bâtisse. L'usine Saint-Gobain met aussi à la disposition de ses employés de petites parcelles : des « jardins ouvriers ». Ces terrains se situent près des appontements des bateaux qui ravitaillent l'usine. Mon père y cultive des pommes de terre et des légumes. Il consacre aussi beaucoup de temps à la chasse.

    De notre immeuble, on domine le port de Tonnay-Charente. J'observe les bateaux. Les cargos remontent la Charente en parcourant lentement les nombreux méandres. Ils sont guidés par un capitaine de navigation. Chaque remontée de l'un de ces cargos représente un impressionnant spectacle. Ces bateaux approvisionnent l'usine Saint-Gobain en phosphates et en pyrite, l'usine Charvet en houille et en minerais, l'usine Asturienne en acide sulfurique et phosphates. D'autres navires viennent charger du cognac pour l'affréter vers l'Angleterre ou la Hollande. Nous profitons du spectacle depuis nos fenêtres, mais souvent nous courons observer les manœuvres sur les quais. Après la fermeture de l'usine Saint-Gobain en 1957, il y aura beaucoup moins de bateaux à fréquenter le port. Les appontements de Saint-Gobain hébergeront alors des céréaliers afin de désengorger le port de La Pallice.

Une éducation ouvrière et pacifiste

Mes parents nous transmettent une éducation ouvrière classique. Ils sont justes. Leurs valeurs reflètent une idéologie pacifiste. Ils endurent tous deux une intime souffrance liée à la guerre. Mon père m'interdit de me battre ou de posséder un jouet ressemblant de près ou de loin à une arme. Âgé de dix-neuf ans en 1943, il avait été réquisitionné par le STO, (Service du travail obligatoire), instauré par Hitler. Il travaillait, contre son gré et pour un salaire ridicule, dans une usine d'armement à la Rochelle.

En 1942, Hitler menait une guerre totale qui engageait l'ensemble de l'économie allemande, transformée en économie de guerre. Les usines d'armement fonctionnaient 24h sur 24h et recouraient à beaucoup de main d'œuvre. Dans un premier temps cette main-d'œuvre fut constituée par des Polonais, des Soviétiques et des Tchèques. En 1942, les nazis réclamèrent à la Belgique et à la France des ouvriers qualifiés. Après avoir imposé à la France une forte contribution de guerre destinée aux troupes d'occupation et une réquisition de la majeure partie de sa production industrielle et agricole, les nazis exigèrent une force de travail. Dans un premier temps cette main-d'œuvre fut constituée de prisonniers de guerre, puis de volontaires. En juin 1942, le gouvernement nazi imposa le recrutement forcé de 350 000 travailleurs. En février 1943, une loi imposa le STO. La France fut le pays qui fournit la main-d'œuvre la plus importante à l'économie de guerre du IIIe Reich : 400 000 travailleurs volontaires, 650 000 requis au titre du STO et près de 1 000 000 de prisonniers de guerre et 1 000 000 de travailleurs employés par les entreprises françaises produisant exclusivement pour l'Allemagne, soit un total d'environ 3 000 000 de personnes. A la Libération ils furent reconnus comme des « déportés du travail ». Le STO a poussé un grand nombre de jeunes à rejoindre le maquis.

    Au lendemain de la guerre, l'idéologie pacifiste et la révolte anti-fasciste sont très prononcées. Ce conflit influence aussi beaucoup mon père quant à sa perception de la religion. Plutôt anti-clérical, il m'envoie cependant aux cours de catéchisme pour satisfaire les doléances familiales. Habituellement, disposant de deux heures le midi, je rentre déjeuner à la maison. Mais les jours de catéchisme, je reste manger à la cantine : l'enseignement religieux commence à treize heures à l'église située à proximité de l'école ; pas question d'être en retard ! Un jour, très concentré sur une partie de football, je n'entends pas la cloche qui nous appelle à la leçon de catéchisme. Je ne prends conscience de mon retard que quelques minutes plus tard quand je constate la disparition de mes camarades. Abandonnant mon jeu, je rejoins le groupe à l'église. A peine arrivé, l'enseignant me réprimande sévèrement et m'assène deux lourdes gifles. Très choqué, je raconte la scène à mes parents, le soir, au retour de l'école. Ne faisant ni une ni deux, mon père court chez le responsable de l'incident : il lui annonce que je ne reviendrai plus au catéchisme. Mon père fulmine, déclarant que les curés doivent se borner à enseigner la religion et que seuls les parents ont le droit de corriger. Trois mois avant ma communion solennelle, je suis définitivement interdit de catéchisme et de toute pratique religieuse. Mes frères et sœurs suivront le même chemin. La religion n'aura plus jamais sa place parmi les valeurs familiales. Aucun d'entre nous ne retournera à la messe !

    A Tonnay-Charente, je fréquente l'école publique. Bon élève, je suis une scolarité normale jusqu'à l'obtention de mon certificat d'études primaires, en juin 1957. A ma grande fierté, je suis reçu deuxième du canton. Je rêve de devenir pilote d'avion. Tonnay-Charente se situe à proximité de la base aéronavale de Rochefort-sur-Mer. Nous voyons souvent des avions de chasse parcourir le ciel. Chaque année, nous admirons aussi les prouesses des avions à réaction du meeting aérien de Rochefort. Mais à la fin de ma scolarité primaire, mes parents n'ont pas les moyens de m'offrir des études : je dois renoncer à mon rêve de devenir pilote d'avion.

Qu'importe, j'ai une autre grande passion : le football ! La cité Saint-Gobain se situe à proximité du stade. J'y vais souvent avec ma classe ou avec des camarades de l'immeuble. A mon grand désespoir, mes parents refusent de m'offrir une licence : ils craignent un accident. Je vais aussi parfois assister à des matchs de l'USC, l'Union Sportive Charentaise. Et puis, j'ai beaucoup d'autres passe-temps. Je chasse et collectionne les insectes et les papillons : je les conserve dans du formol avant de les faire sécher et de les mettre sous cadre. Je collectionne aussi les timbres. Je vais à la pêche pendant les vacances scolaires. Mais la grande sortie estivale est de se rendre en famille à Fouras. Située à l'embouchure de la Charente, la presqu'île de Fouras s'étend sur quatre kilomètres. Ses cinq plages de sable fin et ses trois ports protégés des fortes houles par les îles d'Aix, Oléron et Ré ont amené, dès 1850, la vogue des bains de mer, faisant de la ville un important centre touristique et une station balnéaire de renom. Une quinzaine de kilomètres séparent Fouras de Tonnay-Charente. Nous nous y rendons en car parfois avec mes parents, parfois avec ma grand-mère. Nous partons pour la journée, avec le pique-nique.

Grâce aux services sociaux de la compagnie Saint-Gobain, je profite aussi de séjours en colonies de vacances. A onze ans, je pars à Cirey-sur-Vezouze en Meurthe-et-Moselle. Cette commune localisée à une équidistance d'environ 80 kilomètres de Nancy, Strasbourg et Colmar, est située dans le piémont du massif vosgien. J'y découvre la montagne. Au début, quittant ma famille pour la première fois, je me suis senti un peu perdu et abandonné, mais les activités quotidiennes m'ont vite fait oublié l'absence de mes parents. L'année suivante, je séjourne à Saint-Pierre d'Albigny, en Savoie. Idéalement situé sur le versant ensoleillé de la Combe de Savoie, au pied du massif des Bauges, le canton de Saint-Pierre d'Albigny domine toute la Combe de Savoie et offre une vue imprenable sur les chaînes montagneuses voisines. Baignades, randonnées, veillées, feux de camps... les activités ne manquent pas. Je garde aussi un souvenir mémorable : celui d'avoir vu, pour la première fois de ma vie, un poste de télévision à la gare de Lyon-Perrache.

Mon enfance à Tonnay-Charente fut certainement modeste, mais j'avais la chance d'avoir des parents aimants et justes. En 1957, le site de Tonnay-Charente ferma ses portes. L'entreprise proposa alors à ses ouvriers d'être déplacés vers d'autres usines du groupe. Mon père, soudeur-chaudronnier, fut muté à Aubervilliers, en région parisienne. Il aurait préféré être délocalisé à Balaruc ou à Lyon, mais il n'eut pas le choix : il acceptait Aubervilliers ou perdait son emploi.

Chapitre 2

Une adolescence à Aubervilliers

Nous déménageons en septembre 1957. La compagnie Saint-Gobain a fait construire des logements à Aubervilliers. Nous entrons dans un pavillon en préfabriqué neuf et bien agencé. Cette zone pavillonnaire a été construite pour les nouveaux arrivants de Tonnay-Charente. Les maisons sont enclavées entre un bidonville, une entreprise de production de goudron qui dégage une fumée épaisse, un dépôt de bois, une usine de chaudronnerie, un terrain vague et deux immeubles de cinq étages appartenant à l'entreprise Saint-Gobain. Derrière les immeubles, le canal Saint-Denis relie la Seine au canal de l'Ourcq. Sur l'autre rive se dresse l'usine Saint-Gobain. Au nord-ouest, un quartier d'émigrés où vivent beaucoup de travailleurs maghrébins arrivés avant la guerre d'Algérie. Malgré un environnement gris et austère, dû à l'implantation de nombreux entrepôts et usines, les gens, qu'ils soient immigrés, provinciaux ou habitants du bidonville, vivent en harmonie. Les jeunes jouent ensemble au foot sur le terrain vague. La majorité des commerces de quartier sont tenus par des Maghrébins : ils sont toujours accueillants. Certes la guerre d'Algérie déclenchera certaines rivalités : nous aurons à déplorer quelques règlements de comptes. Mais cette situation n'ira jamais jusqu'à la haine ou à l'isolement des différentes communautés. A Aubervilliers, au quotidien, il n'existe aucune forme d'animosité, de jalousie ou, pire, de racisme. Les habitants se côtoient poliment, respectant les croyances et les pratiques des uns et des autres. Aubervilliers se veut une ville cosmopolite fondée sur un principe de bonne entente.

    La rue du Goulet, qui donne accès aux maisons, vient d'être pavée. Nous nous retrouvons parfois entre Charentais pour partager un verre ou un café. Nous n'avons pas les moyens de nous inviter à dîner : les fins de mois sont souvent difficiles. Avant de partir à l'école, le petit-déjeuner se compose parfois d'une simple assiette de soupe qui remplace le chocolat au lait.

Notre nouvelle maison semble vraiment immense et confortable comparée à nos deux logements précédents. Nous disposons de trois chambres, d'une salle à manger, d'une cuisine, d'une salle de bains, de toilettes et d'un jardinet. En 1959, nous acquérons notre premier poste de radio. Mes parents habiteront ce pavillon jusqu'à la fermeture de l'usine dans les années soixante-dix. Le site deviendra alors un centre de recherches et développement. Mon père achèvera sa carrière comme coursier au siège social à Paris. Les pavillons seront finalement démolis, les terrains vendus et les familles seront relogées dans d'autres immeubles appartenant à Saint-Gobain.

A Aubervilliers, je me sens terriblement déraciné. J'erre. Je pleure. Les champs, la nature, le fleuve me manquent. Certes notre petit pavillon se veut agréable, mais l'environnement, l'usine, le bidonville, les rues goudronnées, les hauts bâtiments gris, le canal Saint-Denis, le quartier de la Goutte-d'Or entourant la résidence imposent une impression d'étouffement et de mal-être. Ma mère, mon frère et mes sœurs sont tout aussi perdus. Ma grand-mère, qui nous a accompagnés, est encore plus déstabilisée. Elle ne s'adaptera d'ailleurs jamais.

Mais il faut bien s'habituer. En octobre, mes sœurs et mon frère font leur rentrée à l'école Victor Hugo. Moi, je suis plus âgé – j'ai déjà quatorze ans ! –, je dois chercher du travail. Ma mère m'aide à trouver un emploi. Rapidement, on me propose un poste d'apprenti dans une entreprise fabriquant des cageots. Mais mon père refuse cette situation : il n'y voit aucun intérêt ni aucun avenir. Nous nous tournons finalement vers le centre d'apprentissage d'Aubervilliers. Les inscriptions sont déjà clôturées mais mes parents m'obtiennent une dérogation de la mairie pour que je puisse y être admis. Je fais ma rentrée au centre d'apprentissage le 1er octobre 1957.

Ne sachant quelle formation choisir, on me permet, les trois premiers mois, de profiter de stages de trois semaines dans différents corps de métiers : chaudronnerie, électricité, menuiserie, modelage, tournage-fraisage, fonderie et serrurerie-ferronnerie. Les rudiments de chacune de ces spécialités nous sont inculqués par un professeur au sein de l'établissement. A la fin de ce premier trimestre, on nous demande une orientation : je choisis la serrurerie. Pourquoi ? La raison en est très simple et relativement décalée : devant la forge, en plein hiver, il fait toujours chaud ! Dès le mois de janvier, j'entreprends ma formation. L'apprentissage dure près de trois ans. J'obtiens mon CAP de serrurier-forgeron en juin 1960. Très vite, une opportunité d'emploi se présente : l'un de mes examinateurs, chef d'entreprise, me propose une embauche.

Je suis désormais salarié des établissements Auberfer, entreprise d'une douzaine d'ouvriers, filiale de la société Olivier installée à Saint-Denis. La petite société de serrurerie fabrique des portes, des fenêtres, des châssis, etc. Elle produit aussi de la menuiserie métallique avec des profilés spéciaux, pour laquelle je ne suis absolument pas formé : j'apprends « sur le tas ». Au début, je passe l'essentiel de mon temps à l'atelier puis, peu à peu, j'accompagne le directeur sur le terrain. Après quelques mois, m'accordant toute sa confiance, il me laisse la responsabilité de certains chantiers. Mais en 1962, suite à une forte récession, l'entreprise doit procéder à plusieurs licenciements économiques. J'ai la chance de ne pas être concerné. Après les licenciements, il ne reste plus que deux ouvriers qualifiés, un manœuvre, un chef d'atelier et un apprenti.

A cette époque aussi, l'un de mes camarades du centre d'apprentissage m'introduit à l'office municipal de la jeunesse d'Aubervilliers : l'OMJA. J'y rencontre beaucoup de jeunes gens. Nous jouons au ping-pong, aux échecs ; nous profitons de séjours de sports d'hiver... Je reprends aussi le football. Je prends une licence au club municipal d'Aubervilliers. Cadet, je deviens gardien de but de l'équipe première. L'année de mes dix-huit ans, je suis approché par un recruteur du Red Star qui me propose un stage de formation. Mais l'affaire n'aboutit pas : une grosse blessure lors d'un match me conduit à l'hôpital et me fait perdre les qualités qui m'avaient permis d'être repéré – en particulier cette fraction de seconde de rapidité qui faisait la différence avec mes coéquipiers.

Cet accident met définitivement fin à mes rêves de carrière professionnelle. Je dois me résigner à travailler comme serrurier.

A cette époque, j'ai pour héros Roger Piantoni, joueur du stade de Reims et attaquant de l'équipe de France, Lev Yachine, le célèbre gardien de but de Moscou et Oleg Blokhine, recordman de sélections en URSS, l'athlète soviétique Valery Brumel, Jacques Anquetil et André Darrigade. Je partage aussi une passion commune avec mon père : celle de l'aviation et de l'aventure de la conquête de l'espace. Cet intérêt pour l'aéronautique s'était déjà manifesté à Tonnay-Charente grâce à la proximité de la base aérienne de Rochefort-sur-Mer. A Aubervilliers, nous habitons à quatre kilomètres de l'aéroport du Bourget et il arrive, dans le cas de vents favorables, que des avions survolent notre maison. Ce spectacle me fascine. Le week-end, nous allons donc parfois, à pied, jusqu'au Bourget pour voir décoller et atterrir ces engins du haut des terrasses de l'aéroport. D'autres fois, nous attendons en bout de piste, à la Patte d'Oie de Gonesse, les avions en phase d'atterrissage : nous examinons des appareils qui passent à dix mètres au-dessus de nos têtes ! Nous nous rendons aussi, tous les deux ans, au salon aéronautique du Bourget, pour assister aux meetings aériens et visiter les nouveaux modèles français, soviétiques, américains : Caravelle, Tupolev, Boeing...

Je suis véritablement captivé par l'aventure du Concorde. Le premier vol expérimental du supersonique français a lieu le 2 mars 1969. Le vol est dirigé par André Turcat, Jacques Guignars, Michel Rétif et Henri Perrier. Je monte à bord de l'un des deux prototypes – les matricules 001 ou 002 –, présentés au salon du Bourget le 15 juin 1969. Je suis très excité à l'idée de découvrir l'intérieur. Mais je suis incroyablement déçu quand je vois que l'avion, prototype encore expérimental, est absolument vide ! Cette année-là est aussi présenté au public le concurrent direct du Concorde, le Tupolev 144.

Mais le salon du Bourget reste aussi dans les mémoires comme le lieu de drames tragiques pour l'aviation internationale. Le samedi 19 juin 1965, en fin d'après-midi, j'ai assisté au crash du Fiat G91 italien. Deux ans plus tard, le 4 juin 1967, je serai de nouveau le témoin d'un crash si violent que le souffle de l'explosion me brûlera les cheveux. Cette année-là, la patrouille de France clôturera le meeting aérien. A la sortie de l'éclatement final, l'un des appareils, un Fouga Magister, ne parviendra pas à redresser. Il s'écrasera à proximité de la tribune officielle. De nombreux débris seront projetés vers le public ; une partie du réacteur terminera sa course dans les barrières séparant les spectateurs de la piste. Grâce certainement à l'habileté du capitaine Didier Duthois qui perdra la vie, personne ne sera pourtant blessé.

Dans les années soixante, je suis aussi captivé par l'aventure de la conquête de l'espace. Elle est marquée, à ses débuts, par une forte concurrence entre les *USA* et l'*URSS*, pour des motifs de prestige national liés à la guerre froide. La témérité des Russes me fascine. Je les préfère aux Américains. Le premier vol spatial réalisé par la mission non habitée Spoutnik 1 le 4 octobre 1957, le premier vol habité par un être humain le 12 avril 1961, le vol orbital de Youri Gagarine sont autant d'événements que j'ai eu la chance de suivre en direct. Et l'échec de la mission Soyouz 1, le 23 avril 1967, quand Wladimir Komarov perd la vie à cause d'un parachute en torche ; le drame de la mission Soyouz 11, le 29 juin 1971 ; la catastrophe de la capsule Gemini... Fascinante course au succès entamée par les Soviétiques et les Américains. Depuis 1957, un incroyable bond technologique et scientifique transforme le monde. Dans les années soixante, le jeu de la concurrence motivant les nations, les événements se succèdent à une vitesse vertigineuse et la technologie spatiale avance à pas de géant : de Spoutnik 1 au premier pas de Neil Amstrong et Buzz Aldrin sur la lune, en passant par Laika, le premier être vivant dans l'espace, Gagarine, le premier homme, Terechkova, la première femme, Leonov, le premier « piéton »...

La conquête de l'espace, les programmes aéronautiques, le football... autant de grandes passions. En 1962, je découvre aussi Jean Ferrat : il devient mon idole. Il fut l'invité de l'inauguration de la cité Maurice-Thorez à Aubervilliers. La construction de la cité s'achevait à peine et les abords étaient encore bruts. Une scène de fortune avait été montée avec des bidons et des planches de chantier. Jean Ferrat était arrivé au volant de sa R10 ; il avait salué le public et était monté sur scène. Quand il interpréta *Nuit et brouillard*, je fus bouleversé. Ce fut un véritable choc musical, intellectuel et culturel. Je l'écoute toujours. Grâce à Ferrat, je connus aussi Aragon. Ferrat savait parfaitement mettre en musique ses poèmes. Je m'intéressai alors à la guerre d'Espagne. Plus tard, vers l'âge de vingt et un ans, ces textes sur la guerre d'Espagne me conduisirent à Hemingway : *L'adieu aux armes*, *Le vieil homme et la mer*, *Pour qui sonne le glas*, *Paradis perdu*... Adolescent, passionné par le football, je délaissais totalement la lecture. Mais de Ferrat à Hemingway, je fus amené à me passionner pour une œuvre littéraire.

Chapitre 3

1963-1964, le service militaire

En mars 1963, je suis appelé sous les drapeaux. A mon grand soulagement, la guerre d'Algérie vient de prendre fin. Si tel n'avait pas été le cas, j'aurais probablement été insoumis : je n'accepte pas qu'un pays impose son autorité à un autre. Je suis fondamentalement en faveur de la liberté des peuples à disposer d'eux-mêmes. La guerre d'Algérie fut essentiellement motivée par des raisons économiques, à commencer par le pétrole et le gaz du Sahara. Pacifiste, porté par un sentiment anti-guerre très profond, je n'aurais pu participer à ce désastre. Une citation de Paul Valéry illustre parfaitement ma vision des choses : **« La guerre est un massacre de gens qui ne se connaissent pas, au profit de gens qui eux se connaissent mais ne se massacrent pas »**. Je me suis immédiatement identifié à cette idée. Plus tard, je me suis aussi senti en accord avec Jean Guéhenno, qui écrivait dans son *Journal des années noires*, à propos de l'occupant allemand : **« Je ne les hais pas parce que je ne sais pas haïr. Je les ignore »**. Ces deux écrivains illustrent parfaitement ma conviction pacifiste et ma grande tolérance, quelles que soient la couleur de la peau, la religion ou les idées d'une personne. Pour moi, un homme est un homme.

En 1963, je ne veux pas effectuer ce service militaire : j'y suis contraint. L'Etat exige que je lui sacrifie vingt-quatre mois de ma vie. Je dois relativiser. Pour rester en adéquation avec moi-même, je m'impose des principes : je n'accepterai jamais d'être photographié en uniforme ou avec une arme à la main, je refuserai toute promotion, etc. Comme tout futur appelé, je passe par le conseil de révision, visite médicale obligatoire, organisée à la mairie du XIXe arrondissement de Paris. Nous devons nous présenter nus, les uns après les autres, devant le médecin militaire. Nous sommes mesurés, pesés, auscultés... Quand mon tour arrive, le médecin décrète que j'ai les yeux bleus, ce qui n'est absolument pas le cas, puisqu'ils sont plutôt marron-vert ! Je conteste. Il exige que je me taise. Je ne peux qu'acquiescer. Sur mon livret militaire, il est désormais inscrit que j'ai les yeux bleus ! Dans la foulée, j'effectue les fameux « trois jours » à Vincennes. Ces trois jours ressemblent davantage à un séjour en colonie de vacances. Ayant répondu sérieusement aux tests d'aptitude qui nous sont proposés, je suis remarqué pour mes excellents résultats. Les recruteurs me convoquent à une audition spéciale, me félicitent et me proposent d'intégrer le corps des EOR, (Elèves Officiers de Réserve). Principe numéro un : refuser toute promotion. Je prends plaisir à décliner leur offre en répondant n'importe quoi aux questions posées.

Je suis affecté au 503e RCC, régiment de chars de combat, stationné à Mourmelon-le-Grand, à 30 km de Reims, 25 km de Châlons-en-Champagne et à 2 heures de Paris. On m'envoie faire mes classes dans le département de la Marne ! Le premier jour, nous passons par le service de l'habillement pour retirer nos uniformes. Les affaires sont distribuées à la va-vite, aléatoirement, sans se soucier des tailles ou si peu. Vous chaussez du 42 ? On vous donne du 40 ou du 44 selon ce qui tombe sous la main du manutentionnaire ! On nous rassemble ensuite dans la cour pour l'appel. Nos noms sont cités successivement. Au fur et à mesure que nous nous présentons, nous sommes répartis en deux groupes distincts. A la fin de l'appel, on nous annonce que le premier groupe part en Algérie et le second à Trèves, en Allemagne. A mon grand soulagement, j'appartiens au groupe pour l'Allemagne ! Je prends conscience que, là-bas, je ferai partie des troupes d'occupation chargées de faire respecter le traité de Yalta.

On nous fait patienter une semaine avant de nous transférer à Trèves. Là, nous sommes absolument libres de notre temps. A Trèves, nous sommes accueillis au CIDB,

Centre d'instruction des divisions blindées, toujours dans l'arme du 503ᵉ RCC. Ayant parfaitement réussi les tests de goniométrie, c'est-à-dire de détermination des angles et d'évaluation des distances à Vincennes, j'y reçus une formation de tireur de char, spécialisé dans les chars Patton.

A la différence de la caserne de Mourmelon, ancienne structure du début du siècle à l'hygiène douteuse, le cantonnement de Trèves est impeccable, à l'image de la rigueur allemande. Il s'agit d'un bataillon semi-disciplinaire. Nous devons y rester quatre mois sans bénéficier d'aucune permission pour rentrer en France. Le courrier constitue mon seul lien avec ma famille. Je souffre de cette séparation comme bon nombre de mes camarades.

Nous pouvons cependant sortir de la caserne et profiter de la ville. Trèves est une très jolie cité historique, mais nous ressentons une certaine animosité de la part des habitants. Il est vrai que nous sommes des occupants, au même titre que les soldats américains basés à Rochefort-sur-Mer dans les années cinquante. On nous interdit l'entrée de certains établissements.

Les quatre mois de classes sont ponctués de nombreuses épreuves : randonnées chargés de notre paquetage, marches de nuit dans la Forêt-Noire, sous la pluie et l'orage, courses d'orientation. Enfant, j'avais toujours été terrorisé par les orages. Pendant mon service, j'appris à prendre sur moi et à exorciser mes démons. Comme tout « troufion », nous devions supporter les provocations de nos gradés. Un soir, vers 21 heures, je lis dans mon lit. Le commandant passe. Etonné que je ne dorme pas, il me fait lever pour contrôler mon armoire. Il met tout sens dessus dessous... Un autre soir : revue de chaussures pour les trois étages de dortoirs. Nos rangers doivent être impeccablement cirées et placées au pied du lit. Toutes les semelles sont contrôlées et toutes celles qui ne sont pas cirées sont jetées par la fenêtre. S'en suit l'extinction des feux immédiate ! Nous sommes en mars : la neige recouvre le sol ; il fait nuit noire. J'ai finalement de la chance : mes rangers sont propres ! Mais des camarades moins chanceux ont beaucoup de difficultés à retrouver les leurs ! Il y a, en bas de la bâtisse, les rangers de plusieurs dizaines de soldats noyées dans la neige ! Dans ma chambrée, un des gars remonte deux chaussures de pied gauche. Il passera les quatre mois suivants avec ces Rangers aux pieds !

Après quatre mois en Allemagne, je rentre en France au début du mois de juillet. Je suis affecté au camp de Mailly dans l'Aube, toujours dans le cadre du 503e RCC. On me nomme d'abord gardien d'un stand de matériel. Là, je me lie d'amitié avec un garçon qui représente pourtant mon opposé : fils d'un notable bourgeois, élevé dans le XVIe arrondissement de Paris, ami personnel de Jean-Marie Grandin, plus connu sous le pseudonyme de Franck Alamo, il n'a jamais manqué de rien. Bien que simple soldat, les gradés le respecte tout particulièrement. Un matin, le commandant lui demande s'il connaît quelqu'un de confiance susceptible de tenir le bar du mess des sous-officiers. Ce poste doit être renouvelé tous les six mois. Mon camarade propose mon nom. Ayant abordé mon service militaire avec une intention pacifiste, souhaitant éviter les armes et ne jamais obtenir de grade, ce poste me conviendra assez bien !

Je passe les premières semaines à seconder celui dont je vais prendre la place. Les quelques mois qui suivirent sont assez anecdotiques. Beaucoup de simples soldats profitent de ma position ! Ma « mission est de servir les gradés. Je ne verrai jamais autant d'alcooliques qu'à ce bar des sous-officiers ! Je suis effaré par la quantité d'alcool que certains consomment. Il faut au minimum une caisse de Kronenbourg chaque jour à certains sous-officiers. Il y a aussi un adjudant qui vient au bar accompagné de son ordonnance. Le gradé commande toujours une bouteille de Ricard et ne quitte les lieux qu'une fois sa bouteille vidée. Il sert aussi son ordonnance qui tombe régulièrement au pied du comptoir ! Le plaisir de l'adjudant consiste non seulement à vider sa bouteille mais aussi à ramasser le vaincu ! Il y a encore ce maréchal des logis qui se présente dès l'ouverture, à 7h30, pour demander son « demi de blanc », verre de vin blanc de 25cl agrémenté d'un jus de citron. Il boit ce premier verre cul sec, se rend aux toilettes et avale le second à son retour. Un matin, pendant qu'il est aux toilettes, je prépare son second verre différemment : à la place du vin, je verse une goutte de café et de l'eau. Il revient et boit d'un trait ! Il pose son verre : « Eh ben, ça va mieux ! On peut aller au boulot maintenant ! » Je reste stoïque : il n'a même pas remarqué qu'il vient de boire de l'eau ! Le lendemain, quand je lui avoue la supercherie, il ne me croit pas !

Au bar, je sympathisai aussi avec un soldat placé à l'état-major du camp de Mailly. Un matin, mon camarade me demande si je dispose encore de jours de permission. Je lui réponds qu'en ayant déjà pris un certain nombre, il ne doit pas m'en rester beaucoup. Il me propose alors de les reprendre. « A l'état-major, j'ai tous les dossiers sous la main. Il suffit que j'annule les congés déjà pris... » Moyennant quelques boissons alcoolisées, il me promet de rayer toutes les permissions épuisées. Pour être honnête, sur l'instant, je n'y crus pas une seconde. Mais, deux mois avant la fin de mon service, un gradé me convoque. Il me demande : « Mais quand est-ce que tu vas prendre tes permissions ? Il te reste encore tant de jours à prendre. » C'est sans aucun scrupule que je pris tous les jours dont on m'avait gratifié y compris ceux dont j'avais déjà profité !

Après six mois passés au bar du mess des sous-officiers, en janvier 1964, je suis nommé dans un autre escadron où je ne fais absolument rien ! Officiellement, je dois garder un bâtiment et surveiller les dortoirs pendant que les soldats sont en manœuvre... Officieusement, je passe mes journées à jouer à la belote et au poker avec les copains responsables d'autres bâtiments ! Contrairement à ce que j'aurais voulu, quelques mois avant la fin du service, je suis nommé première classe. Fidèle à mes convictions, je tenterai pourtant de refuser de porter le galon mais mon officier supérieur m'indiquera clairement que le port du galon est obligatoire sous peine de prison !

Je prends une dernière permission, le week-end précédant la fin de mon service obligatoire. Je ramène alors des vêtements civils. Le samedi précédant notre libération, prévue le mardi, avec trois amis, nous décidons d'aller prendre un verre à Mailly en civil. Il faut savoir qu'à l'époque, tout militaire, appelé ou non, devait impérativement se déplacer en uniforme. Nous sommes à peine attablés dans l'un des bars du centre-ville que le sous-officier de permanence entre : il ne dit rien et sort. En fin de soirée, je réintègre ma chambrée. Le sous-officier de permanence m'y attend. « Quelle est cette tenue ? », me demande-t-il. Je réponds naïvement que j'ai envoyé mes uniformes au nettoyage en vue de ma libération. Incrédule, il ouvre mon placard et y découvre ma garde-robe ! Sur ce, il me donne rendez-vous, comme à mes camarades, une heure plus tard à la prison. Et je passe mon dernier week-end de service obligatoire au cachot ! Le jour J, je rends mon paquetage sans être inquiété : mon supérieur n'a engagé aucune procédure contre moi pour cette infraction concernant l'uniforme.

Le service militaire ainsi présenté n'était autre qu'une vaste pantalonnade inutile et sans intérêt. Le peu de formation que l'on m'a offert dans ce cadre ne m'aura jamais servi. M'apprendre à tirer sur des chars Patton qui seront réformés en 1965 aura mené à quoi ? Si j'avais été mobilisé après cette période, j'aurais été absolument incompétent. Malgré cela, le service obligatoire tel qu'il était à l'époque représentait une porte d'entrée symbolique vers notre devenir d'homme. Cette étape me transforma et impliqua une prise de conscience : ce fut une sorte de transition entre l'insouciance de l'enfance et la maturité adulte. On y entre adolescent, on en sort homme. Je ne regrette absolument pas ces seize mois : j'ai quitté les jupons de ma mère, j'ai mûri. Cela m'a permis de percevoir les événements et les gens différemment. J'ai aussi appris à vivre en autonomie et à prendre sur moi. Le jour de mon départ pour Mourmelon, je ne supportais ni endives, ni épinards, ni carottes... En quittant Mailly, je mangeais tout cela sans rechigner ! Cela paraît anecdotique mais l'armée impose une forme de mutation du petit d'homme en homme. Je sortis de là en refusant de faire carrière dans l'armée alors que plusieurs propositions m'avaient été soumises. De la même façon, à cette époque de mon existence, je n'aurais jamais imaginé m'engager dans la police !

Chapitre 4

Intégrer la police nationale

Retour à la vie civile

Dès la fin de mon service militaire, en juillet 1964, je suis réembauché chez Auberfer. L'entreprise fermant en août, je pars à Tonnay-Charente. J'y prends un emploi saisonnier d'un mois dans une grosse entreprise de charpente métallique, soudure et serrurerie.

Je mets cette période à profit pour organiser mon mariage avec Micheline rencontrée lors d'une permission en 1963. La célébration est fixée au 4 octobre. Subissant certaines pressions familiales et pour éviter tout scandale, j'accepte la cérémonie religieuse. Je dois me faire violence. Depuis l'enfance, je refuse le pouvoir de la religion. Aujourd'hui encore, quarante ans plus tard, j'associe la religion à un mode de soumission : la croyance en l'existence d'un Dieu suprême n'a aucun sens matériel : les croyances s'adaptent à l'évolution des hommes. La religion a été faite par les hommes pour les hommes : c'est une technique de manipulation et de soumission. Plus que cela, la religion est source de conflits, de guerres, et induit une privation de liberté intellectuelle et physique. Les guerres de Religion en sont un exemple concret. Toutes les religions, quelles qu'elles soient, prônent l'emprise du masculin sur le féminin : la femme est soumise à l'homme, souvent réduite à une simple procréatrice, parfois réduite à rien. Même le catholicisme présente un visage machiste, mettant la femme en retrait pour avoir soi-disant péché en proposant la pomme à Adam ! Non, la femme n'est pas un sous-homme ! Pourquoi n'autorise-t-on pas le mariage des prêtres ni l'accession au sacerdoce des femmes si ce n'est parce que la femme symbolise, d'une certaine façon, le mal ? Reléguer la femme c'est reléguer l'être humain.

Malgré mon athéisme, il me fallait me soumettre à la volonté de ma future belle-famille. Nous prenons donc contact avec le curé de Tonnay-Charente. Il nous reçoit au presbytère, en entretien de préparation. A peine assis dans son bureau, je lui annonce que je ne suis pas croyant et que je me marie religieusement sous contrainte familiale. Le prêtre consulte mon dossier et constate que je n'ai jamais effectué ma communion solennelle. Il me rappelle à l'ordre et exige que je procède à cette formalité avant de me marier dans son église. Je m'oppose, le menace : « Imposez-moi cela et vous perdrez un client ! » Il me propose un temps de réflexion et nous fixe un rendez-vous à l'automne.

En septembre, nous nous représentons au presbytère. Nous apprenons que le prêtre que nous avions rencontré a été muté et remplacé. Nous faisons la connaissance du nouveau curé. Il consulte mon dossier : « Alors M. Gatineau... vous avez été baptisé le..., vous avez fait votre communion le... Est-ce bien cela ? » Je suis sidéré ! Pour ne pas perdre un « client » et éviter toute complication, l'ancien prêtre a inscrit une fausse date de communion solennelle sur le registre paroissial ! Le 4 octobre, je pus me marier à l'église sans aucun souci !

Jeunes mariés, Micheline et moi nous installons à Aubervilliers. Je travaille toujours chez Auberfer où je fais désormais office de chef de chantier et de métreur. Avant d'être appelé sous les drapeaux, j'avais suivi une formation pour apprendre à relever des cotes en vue de la fabrication de pièces en atelier. Je deviens ainsi l'ouvrier qualifié le mieux rémunéré de la société. Après quelques mois, je me rends compte que je stagne au rang de compagnon de troisième échelon sans réussir à passer chef et que les promesses de promotion ne se concrétisent pas. Mon avenir chez Auberfer semble relativement incertain.

Or, à cette époque, nous sympathisons avec un couple de voisins : Joël et Nicole. Lui est fonctionnaire de police, elle vendeuse au Prisunic du quartier. Bretons tous les deux, ils se sont mariés à Kérity, quartier de Paimpol, petite ville des Côtes-d'Armor, trois semaines après nous. Lui était alors mécanicien auto à Plouézec, elle était surtout connue pour être la fille du boulanger. Après avoir passé le concours de gardien de la paix, Joël avait été muté en région parisienne.

Notre première rencontre fut plutôt inopinée : un matin, je suis à la fenêtre de ma chambre quand Nicole ouvre la sienne pour secouer un tapis. Elle fait son ménage et ne se rend pas compte qu'elle envoie sa poussière vers moi. Je la salue mais elle ne répond pas. Mon sang ne fait qu'un tour : « Cela ne m'étonne pas qu'elle soit mariée à un flic, elle est aimable comme une porte de prison ! ». Quelques semaines plus tard, peu avant Noël, Joël me rendit service et ce fut l'occasion de faire véritablement connaissance. Nous devînmes tous les quatre des amis inséparables : nous partions en vacances ensemble en Charente et en Bretagne, nous nous invitions les week-ends, nous allions à la montagne...

Joël, gardien de la paix dans le XVIIIe arrondissement, m'apportait une autre représentation de la police. Entre 1964 et 1968, mes *a priori* furent rudement ébranlés : je découvris la véritable personnalité d'un « flic », personnalité absolument contraire à l'image répressive qui m'avait toujours habité. Depuis tout petit, depuis ce jour où ma mère avait été verbalisée parce qu'elle me transportait sur le porte-bagages de son vélo, j'éprouvais une certaine antipathie pour ces gens. Or, avec Joël, nous partagions une grande complicité, une amitié sincère. Il me livrait un tout autre visage de la police. Grâce à lui, je découvrais que le policier était avant tout une personne, un homme attentif à sa famille et défenseur de ses idées. Je réalisais que la fonction de policier n'était qu'un métier, pas un caractère propre ! Joël et moi ne défendions absolument pas les mêmes positions politiques, mais nous étions capables de discussions libres et empreintes d'une belle tolérance. Il parlait prudemment de son métier. Certainement, pensait-il, que ce qu'il vivait en interventions ne pouvait, ou ne devait, pas se raconter. Il restait discret. Un soir où il rentrait du boulot ramenant sur lui une terrible odeur de mort, il expliqua rapidement qu'il avait dû prendre en charge un cadavre au cours de l'après-midi. Rien de plus. Cette réalité du « flic » s'imposa brutalement et mes *a priori* ne survécurent pas au contact quotidien de Joël.

Elève gardien de la paix (1968-1969)

L'année 1968 fut une année de transition. Auberfer ne tenait pas ses promesses : je ne voyais poindre ni promotion ni intéressement. Mon salaire et ma position n'avaient pas évolué depuis des mois. Je commençais à me poser de nombreuses questions sur mon avenir et ma stabilité professionnels. Friand d'actualités, je savais que la récession économique subie par les Etats-Unis ne tarderait pas à s'exporter en France. Les Etats-Unis expérimentaient en effet avec quelques années d'avance ce que nous allions subir à notre tour dans les prochains mois. Je me projetais dans l'avenir, y voyant clairement un marché commun peu favorable à la productivité, le regroupement des moyennes entreprises, la fermeture des petites structures accompagnée de vagues de licenciements... Le tableau décrit par les économistes et les responsables politiques n'avait rien de réjouissant.

Dès le mois de janvier, des journées nationales de mobilisation syndicale pour l'augmentation des retraites firent descendre des milliers de personnes dans les rues des grandes villes de France. Les 20 et 27 janvier éclatèrent les premiers affrontements entre lycéens et forces de l'ordre à propos de l'affaire « Romain Goupil », ce militant trotskiste actif dans les lycées parisiens et exclu du lycée Condorcet. Concerné par la question des retraites, je fis grève pendant trois semaines et je participais à de nombreuses manifestations. Dès que les événements devenaient plus violents, mes convictions pacifistes ressurgissaient et je renonçais à poursuivre le mouvement. Micheline fut contrainte de se mettre en grève. A la fin du mois, nos payes arrivèrent, dérisoires. Je craignais que les événements du printemps nuisent à la pérennité d'Auberfer.

Joël, s'il comprenait parfaitement les revendications des manifestants, n'appréciait ni les dérives ni les violences qui caractérisaient bon nombre de manifestations. Les ordres décrétés par la préfecture de police de Paris étaient souvent inappropriés, parfois même en contradiction avec la réalité du terrain. Il n'avait pas d'heure pour commencer son service et encore moins pour le terminer. Mais, Joël touchait l'intégralité de son salaire à la fin de chaque mois.

Je pris conscience que le statut de fonctionnaire impliquait une certaine sécurité financière et sociale. Je réfléchis alors à ma propre situation : j'avais vingt-cinq ans, si je poursuivais ma carrière dans le bâtiment, je serais en retraite à soixante-cinq ans. Je devais choisir... Je décidai finalement de passer les concours de la fonction publique. Je choisis la police car la fonction de policier était la mieux rémunérée. Mais il fallait relativiser : le salaire mensuel de policier était d'environ 1000 francs net mensuel, cela signifiait un manque à gagner de 350 francs par rapport à ma paye de serrurier. La différence n'était pas négligeable ! Mais, en contrepartie, quoi qu'il arrive, en arrêt de travail ou pas, je toucherais toujours mon chèque en fin de mois. Je savais aussi que je pourrais partir en retraite à cinquante ou à cinquante-cinq ans.

Quand j'annonçai ma décision à mes parents, ils restèrent incrédules. J'avais reçu une éducation pacifiste et anti-militariste. On m'avait toujours interdit de manipuler des armes même factices. Et je revendiquais depuis des années ces principes comme étant les miens. Mon père, même s'il respectait l'institution policière, n'approuvait pas cet engagement. Il ne comprenait pas pourquoi je reléguais tout à coup mes convictions au second rang. Qui plus est, il n'acceptait pas de s'être sacrifié pour me donner un véritable métier que j'abandonnais désormais. Je dus lui expliquer que je faisais une hypothèque sur l'avenir, que je serais probablement en retraite trois ans après lui, que je recevrais mon salaire quoi qu'il advienne... Bien sûr j'allais perdre de l'argent par rapport à mes revenus de serrurier, mais je gagnerais en sécurité de l'emploi, en avantages sociaux et je bénéficierais d'une retraite acceptable. Malgré mes arguments, il resta sceptique.

Ma décision eut le même écho chez Auberfer. Le dépôt de mon préavis de départ surprit l'équipe. Le gérant m'offrit quelques avantages pour me retenir mais mon choix était fait et je n'avais aucunement l'intention de revenir sur ma décision. Il m'assura qu'il maintenait la porte de son entreprise ouverte dans l'éventualité d'un changement d'avis. Je lui assurais que j'étais sincèrement déterminé.

La perspective d'une certaine sécurité de l'emploi et d'une retraite à cinquante-cinq ans avait finalement pris le dessus sur mes convictions et mes impératifs idéologiques. La police se définissait comme un service civil, dirigé par le ministère de l'Intérieur, contrairement à la gendarmerie placée sous la responsabilité du ministère des Armées. Je n'étais donc pas obligé de vivre dans une caserne. Quant au port d'arme, je partais du principe que je n'aurais à utiliser mon arme de service que dans le cadre strict d'une intervention sensible, dans des conditions exigeant que je me défende ou que je défende autrui, c'est-à-dire dans le cadre prévu par la loi de la légitime défense. Ces arguments me permettaient d'être en accord, au moins partiellement, avec mes convictions.

J'ai donc passé le concours d'entrée à l'école de Police au printemps 1968, à Beaujon, près de l'Elysée. Le concours comportait plusieurs épreuves. Je dus me soumettre à une visite médicale – taille, poids et vue furent strictement mesurés – à une compétition sportive, à des tests psychotechniques, à une dictée, à une rédaction et à des exercices de mathématiques. Après avoir été reçu, j'ai été convoqué à un entretien au siège de la préfecture de police, dans les locaux de l'IGS, boulevard du Palais, dans le IVe arrondissement. Cet entretien faisait suite à une enquête de moralité que les services des Renseignements généraux avaient menée à mon sujet : mes voisins avaient été interrogés sur ma personnalité, mes relations amicales, mes habitudes de lecture, mes convictions politiques, etc.

La conversation prit rapidement une tournure déconcertante. On me demanda si j'avais été à la fête de l'Humanité, si j'avais été adhérent des Jeunesses communistes, si j'avais ma carte du parti communiste. Ces questions me laissèrent sans voix. Certes, j'avais fréquenté l'office municipal de la jeunesse d'Aubervilliers, organisme créé et subventionné par une mairie communiste ; oui j'étais allé avec des amis à la fameuse « fête de l'Huma » ; effectivement, j'avais eu ma carte du parti communiste ... Mais qu'est-ce que cela avait à voir avec le métier de gardien de la paix dans une France démocratique, pays où la liberté d'opinion est inscrite dans la Constitution ?

Cet interrogatoire me mit mal à l'aise. Je comprenais parfaitement la nécessité et la finalité d'une enquête de moralité. Il s'agissait de percevoir la personnalité d'hommes potentiellement destinés au service de l'Etat et voués, finalement, à être des modèles de probité pour les citoyens de la nation. Cette enquête devait servir, me semble-t-il, à évaluer le caractère, l'équilibre psychologique, la stabilité émotionnelle voire l'hypersensibilité des candidats. Mais pousser l'interrogatoire vers la voie politique me paraissait indécent voire irrespectueux. Ces questions me confortaient dans l'idée que la police recrutait essentiellement des gens adhérant à des opinions politiques de droite. La structure policière se montrait ultraconservatrice. Cette constatation me choquait. Tout homme ayant une certaine force de caractère, qu'il soit conservateur ou progressiste, devait être capable de mener à bien le travail de policier. Je ne voyais pas en quoi les convictions politiques pouvaient nuire à cet état de fait.

En sortant de cet entretien, je m'interrogeais : où et comment les RG avaient-il pu avoir accès à ces renseignements extrêmement personnels ? Vie privée, vie publique : il s'agissait pour moi de deux domaines distincts. Mais telle n'est pas la perception de l'administration policière. Je sus peu de temps après que ce genre de principes était encore plus redoutable dans le corps de la gendarmerie : l'un de mes amis n'avait pas été reçu au concours d'entrée pour la simple raison que son grand-père avait été membre du parti communiste en 1920 et avait participé au congrès de Tours ! En sortant de cet entretien, j'étais persuadé que ma candidature ne serait pas retenue : je ne correspondais absolument pas au profil recherché !

Quelques semaines plus tard, contre toute attente, je reçus mon avis d'entrée à l'école de police. J'étais admis ! Je fus convoqué le 2 novembre 1968 au Centre d'application de la police urbaine, le CAPU, à Vincennes. Pour l'anecdote, je connaissais déjà les lieux pour y avoir installé des cages de garde à vue quand j'étais salarié chez Auberfer. Ces cages, d'une capacité de cinquante personnes, avaient été prévues pour y incarcérer provisoirement les manifestants arrêtés pendant les rafles. Dès notre arrivée, on nous sépara en deux groupes, le second groupe allant directement à l'école de CRS de Sens. Je fus soulagé de ne pas avoir été sélectionné pour partir à Sens car j'appris très vite qu'il y régnait un esprit militaire autoritaire et que les conditions de travail y étaient particulièrement difficiles. Si j'étais allé à Sens, je n'aurais certainement jamais été gardien de la paix.

Je passais quatre mois au CAPU. Les formateurs étaient des policiers gradés triés sur le volet et déterminés à nous inculquer rigueur et discipline. Aucun enseignant extérieur n'intervenait. Je me souviens du premier discours du responsable de stage qui nous annonça sans détour : « Vous avez fait le choix d'entrer dans la police. C'est un autre monde. Il vous faut désormais faire table rase de votre vie passée ! » En entendant cela, j'eus l'impression d'avoir intégré une secte ! On nous dit ensuite : « Messieurs, les loups ne se mangent pas entre eux ! » L'esprit de clan devait devenir notre leitmotiv. La mise en condition idéologique était déjà bien amorcée : la machine à laver les cerveaux était en marche.

Nous étions environ une cinquantaine d'élèves par classe. Le degré d'instruction demandé était équivalent à celui du certificat d'études et du BEPC. On nous dispensait des enseignements extrêmement pragmatiques : rédaction de procès-verbaux et de rapports en vue de traiter, dans un premier temps, les affaires courantes (malaises sur la voie publique, différends familiaux, feux de poubelle, etc.), procédures d'interpellations et usage du cabriolet, système d'immobilisation utilisé en lieu et place des menottes (un gardien de la paix n'étant pas habilité à passer les menottes à quiconque sauf sur instruction d'un officier de police judiciaire), marche au pas, maniement des armes, méthodes d'interventions en manifestations... A la fin des quatre mois de stage, on nous soumit à un examen de passage auquel nous fûmes tous admis si ce n'est trois ou quatre d'entre nous. Il y eut aussi un élève démissionnaire : un jeune Corse, ancien berger : il faisait près de quatre-vingts fautes d'orthographe par page d'écriture et ne connaissait aucun panneau de signalisation routière ! Nous nous demandions comment il avait pu être admis au concours d'entrée. Mais je sus peu de temps après que cette année-là, les événements de mai y étant probablement pour quelque chose, seuls 380 élèves avaient été recrutés pour 500 postes à pourvoir. La pénurie de candidatures avait dû obliger le ministère à donner leur chance à toutes les bonnes volontés !

Stage pratique (1969)

La formation terminée, je dois désormais revêtir l'uniforme de la police nationale, le képi muni de l'écusson de la préfecture de police, du galon rouge des élèves gardiens de la paix et de la « pucelle » aux armoiries de la ville de Paris. Mon numéro de matricule : le 10326. Je reçois ma carte de police barrée de bleu et rouge, les couleurs de la ville de Paris, à en-tête de la préfecture de police et non de la police nationale. On me remet une arme : un « Unique », pistolet de calibre 7,65, et deux chargeurs. Beaucoup d'individus se sentent valorisés par le simple fait de porter une arme. Ce n'est absolument pas mon cas : l'arme reste définitivement un engin de mort. On me fournit aussi mon « petit équipement » : cabriolet, sifflet, gants blancs, casque, bâton de défense et clé d'avertisseur, prévue pour avoir accès aux bornes de mise en relation avec le commissariat.

Ainsi équipé, je suis envoyé en stage pratique sur le terrain. Cette formation doit durer trois mois. Les quinze premiers jours sont assez pénibles. Dès 7h du matin, je peux être affecté dans un commissariat de la banlieue sud. Le soir, à 19h, je peux être envoyé dans un commissariat de la banlieue nord. Le lendemain matin, dans un commissariat de Paris *intra-muros*. Heureusement, ce système d'affectations ne durera pas et sera même abandonné ultérieurement pour les nouvelles promotions. Les horaires sont difficiles : 7h-12h et 19h-23h30 le premier jour et 13h-19h le lendemain, en alternance pendant six jours.

Officiellement, je suis élève gardien de la paix : j'accompagne une équipe de policiers titulaires et je regarde sans intervenir ni prendre d'initiative. En avril, je prends ma première affectation au commissariat du XVIIIe arrondissement, situé rue du Mont-Cenis. En mai-juin, je suis muté au commissariat du XIXe. A la fin de ces trois mois d'observation, on me demande de choisir une affectation. Je choisis le commissariat du XVIIIe pour trois raisons simples : mon ami Joël y a été affecté quelques années plus tôt, le quartier me semble relativement dynamique et j'ai la possibilité d'intégrer l'équipe de football du commissariat !

Dans le XVIIIe arrondissement, quartier du boulevard de Clichy, du Moulin-Rouge, de la butte Montmartre, je découvre un monde fascinant où cohabitent toutes les couches de la société : les quartiers ouvriers des portes d'Aubervilliers, de Clignancourt et de Saint-Ouen ; les quartiers bourgeois de la butte Montmartre et de la place du Tertre ; le quartier des immigrés qui regroupe le quartier maghrébin de la Goutte-d'Or, le quartier africain du côté de Château-Rouge et le quartier juif situé entre les deux précédents ; et enfin, le quartier des Abesses et le boulevard de Clichy, terrain de la prostitution féminine et masculine et du banditisme. Je suis étonné de voir que ces gens vivent en harmonie. Mais chacune de ces populations demande un type d'intervention, une approche, adéquate.

Le quartier de la Goutte-d'Or me marque davantage : j'y découvre la misère de l'immigré, maghrébin ou africain. Je rencontre des gens déracinés, perdus, qui visitent les bordels, véritables usines à prostitution. Le poste de police de la « Vigie Fleury » situé rue Fleury, à l'angle du boulevard de la Chapelle, dans un immeuble délabré, se trouve au rez-de-chaussée d'un hôtel de passe. Tous les écoulements passent par notre local. J'y découvre la sordide réalité des immigrés : je prends conscience de l'existence de ghettos dans notre société du XXe siècle. Les travailleurs étrangers vivent dans des conditions déplorables. Les rats grouillent dans les échoppes. Les hommes dorment dans des hôtels de négriers, où chaque lit sert à trois personnes chaque jour, chacun payant un loyer ! Ces gens déracinés, chassés de leur pays, sombrent dans une sorte de misère humaine, sociale et sexuelle. Le dimanche, ils défilent dans les hôtels de passe, véritables usines à sexe ! Certains d'entre eux viennent parfois se plaindre à la Vigie Fleury : « j'ai payé, j'ai pas baisé ! ». Cela peut faire sourire mais quand on y réfléchit, on comprend que ces gens sont finalement exploités jusque dans les bordels ! Et à qui appartient ce poste de police, situé au rez-de-chaussée d'un hôtel de passe où la file d'attente va parfois jusqu'à l'entrée du service ? A qui la préfecture de police loue-t-elle cet infâme local ? Je ne le saurai jamais. Cette situation intolérable ne peut être ignorée des pouvoirs publics.

Je vis désormais au cœur même de la misère humaine ; celle dont les médias ne parlent pas ; celle que la société bien pensante ne peut, ou ne veut, pas voir ; et je ne peux rien faire pour changer les choses ! Pour vivre cela au quotidien, il faudra que je sois bien dans ma peau et fort dans ma tête.

Au cours de mon second stage, au commissariat du XIXe arrondissement, d'autres affaires mettent encore ma naïveté à rude épreuve. Le poste est situé tout près du parc et des studios de télévision des Buttes-Chaumont. En patrouille, de nuit, je constate que le parc se transforme en un lieu tout à fait différent de celui que je connais : la journée, les enfants, les mères de famille, les retraités s'y promènent et profitent des manèges et des balades à poneys ; la nuit, le parc devient le lieu de rencontres de toute une communauté homosexuelle. Parmi eux, un certain nombre de personnalités médiatiques. La nuit, le parc prend une autre dimension ! Je découvre les dessous de la vie et toutes les misères du monde.

Je fais aussi des rencontres inattendues. Il y a cet homme au carrefour de la porte Chaumont. Mon collègue et moi sommes stationnés à la hauteur d'un feu tricolore quand un individu s'adresse à nous : « Messieurs, je viens vous voir parce que mon camion a trois pneus lisses. Mon patron ne veut pas les changer. Et moi, je ne veux pas tuer quelqu'un ». L'homme souhaite être verbalisé pour obliger son chef à faire le nécessaire ! Je suis sidéré ! Mon collègue contacte le commissariat central grâce à l'avertisseur sonore. On nous dit de conduire l'individu au poste et qu'il y sera pris en charge.

Un autre jour, je suis en poste de garde devant la porte du commissariat, chargé d'accueillir et d'orienter les personnes demandeuses. Il doit être 21h, ce soir du mois de mai, quand un homme m'interpelle : il s'est fait voler sa voiture quelques jours auparavant et il semble l'avoir reconnue place des Fêtes munie de plaques d'immatriculation différentes. J'avertis le chef de poste qui envoie une patrouille. Le chef de car me propose alors de l'accompagner. Sur les lieux, nous interpellons un homme. Il sort une carte de police et affirme être le propriétaire du véhicule. Mon chef, incrédule, lui demande de nous accompagner au poste de police. Ma naïveté est ébranlée. Je suis stupéfait : comment pouvait-on interpeller l'un de nos collègues ? Devant mon étonnement, le gradé m'explique : « Petit, tu commences ta carrière. T'en verras d'autres ! » Cette intervention marquera ma carrière. A l'époque, je n'imaginais pas qu'un policier puisse être voleur de voitures ! Je compris soudainement que le système policier pouvait être défaillant et que tous les fonctionnaires de police n'étaient pas forcément des gens honnêtes.

Ce stage pratique est aussi l'occasion de participer à mon premier jalonnement : dans le cadre d'un événement, les gardiens de la paix sont réquisitionnés pour créer un alignement le long d'un itinéraire déterminé et former ainsi une barrière de sécurité. Ce jalonnement est prévu avenue du Maine, près de la gare Montparnasse, à l'occasion du passage du cortège du président Richard Nixon et du général de Gaulle, lors de la visite officielle du chef d'Etat américain du 28 février au 2 mars 1969. Nous sommes en hiver : nos gradés ont décidé que nous porterions le manteau de gala. Ce manteau, que nous ne portons jamais et qui coûte certainement une fortune, pèse un poids inimaginable ! L'habit est si lourd que le lendemain, nous sommes tous fourbus de courbatures ! Et comble de malchance, nous ne profitons d'aucun spectacle : le cortège est passé si rapidement que nous avons à peine eu le temps d'apercevoir les deux silhouettes !

Un autre événement marque aussi très fortement ces trois mois de stage pratique : ma première confrontation directe avec la mort. Un soir, en mars ou avril, j'accompagne une patrouille pour intervenir chez une personne qui ne répond plus aux appels. Ce type d'intervention demande beaucoup de prudence car il peut s'agir d'une fausse alerte : la personne concernée est peut-être partie en voyage sans avertir ses proches ; elle peut être allée faire des courses ou bien a décidé délibérément de ne plus répondre à ses proches. Il ne s'agit donc pas de défoncer la porte d'un appartement sans s'être préalablement informé ! Ce soir-là, nous intervenons dans un hôtel ouvrier où sont hébergés des travailleurs immigrés. Le gardien, inquiet pour un pensionnaire qui ne donne plus signe de vie, a alerté la police. Il fait nuit. La chambre que nous devons inspecter n'est pas éclairée. Le gardien nous ouvre et nous allumons nos lampes torches. Nous découvrons une pièce sale, en désordre et, au milieu, le corps d'un homme, tombé sur le côté de son lit, le visage baignant dans une mare de sang. « C'est une mort naturelle : il a dégueulé son foie ! », dit un ancien. Il faut déterminer l'identité de l'individu, rédiger un rapport pour « personne décédée à domicile » et informer la famille. L'officier de police judiciaire arrive et effectue les premières constatations. Il nous demande de déplacer le corps et de le disposer à terre pour que le médecin légiste, assermenté, puisse l'examiner, confirmer la mort naturelle et signer l'acte de décès et le permis d'inhumer.

La vision de ce premier cadavre, sa manipulation, sans gants, à mains nues, me choquent beaucoup. Certes le corps n'est pas dans un état de décomposition avancée mais, auparavant, je n'ai toujours été confronté qu'à des cadavres apprêtés, dans des cercueils, dans des chambres mortuaires : jamais je n'ai vu de cadavre à l'état « brut ». Je découvre une réalité morbide à laquelle je serai encore confronté de nombreuses fois.

Ce stage de trois mois me permet de réaliser combien le métier de gardien de la paix relève de la vocation ! On me projette sans ménagement dans une réalité insoupçonnable : l'antichambre des quartiers populaires. Mes premiers pas dans le métier ébranlent mes convictions et anéantissent mes certitudes. J'intègre un milieu souvent raciste et parfois douteux ; je suis au service d'une population misérable mais parfois frauduleuse. Je devrai apprendre à savoir juger les comportements pour ne pas abuser de mes fonctions et ne pas me laisser abuser.

PARTIE 2

15 ANS DE CARRIÈRE À PARIS XVIIIe

Chapitre 1

Gardien de la paix stagiaire (1969-1970)

Le 28 juin 1969, je suis affecté au commissariat du XVIIIe arrondissement de Paris, en qualité de gardien de la paix stagiaire. Les gardiens stagiaires se distinguent des titulaires par un galon rouge porté sur le képi ; au-dessus d'un écusson aux armoiries de la ville de Paris, comme l'élève gardien de la paix, et au-dessous un petit écusson portant le chiffre de l'arrondissement d'affectation, en l'occurrence le « 18 ».

L'arrondissement se divise en quatre quartiers. Clignancourt, au milieu duquel s'élève la butte Montmartre et le Sacré-Cœur s'étend du Bd Rochechouart aux portes de Clignancourt et St Ouen. Ce quartier possède un commissariat de police judiciaire, le commissariat central de police, rue Jules Joffrin, et un poste avancé, la vigie Dancourt, au pied de la butte Montmartre, à deux pas des Boulevards.

Les Grandes-Carrières englobent le boulevard de Clichy, le Moulin-Rouge, la rue Lepic, le cimetière de Montmartre ; elles s'étendent jusqu'aux portes de Saint-Ouen et de Clichy. S'y trouvent un commissariat de police judiciaire ainsi que la 2ème brigade territoriale, division de la police judiciaire, située entre le commissariat de quartier et le 36, quai des Orfèvres.

Le quartier de la Chapelle et de la Goutte-d'Or s'étend du boulevard de la Chapelle à la porte d'Aubervilliers et passe par la porte de la Chapelle où se situe l'accès à l'autoroute du Nord. Là, deux quartiers sont réunis en un seul. Y sont installés un commissariat de police judiciaire et deux postes avancés : la vigie Fleury dans le quartier maghrébin et le poste de la Chapelle, spécialement chargé de la garde des mineurs.

Dans le XVIIIe arrondissement, les équipes sont organisées en quatre brigades de jour et une brigade de nuit : les brigades J1, J2, J3, J4 et N. A mon arrivée, je suis affecté à la J1. Chaque brigade est composée d'environ 80 fonctionnaires. Les horaires, quant à eux, ne sont pas de tout repos : ils sont toujours décalés. La police fonctionne forcément 24h/24. La « grande tournée » commence par exemple de 6h30 à 12h et reprend le soir de 19h à 23h30. Nous faisons cela une fois tous les quatre jours : ce rythme use les organismes ! Une journée de repos hebdomadaire est octroyée, mais jamais le dimanche. Evidemment, le samedi est très prisé. Idem pour le mercredi, le « jour des enfants ». Les attributions des jours de congé se font à l'ancienneté. J'ai eu la chance d'avoir très rapidement le samedi car le XVIIIe est un grand arrondissement : il y a beaucoup de roulement parmi les gardiens de la paix car certains sont peu enclins à suivre le rythme effréné des diverses affaires.

La journée du gardien de la paix est très serrée. Chaque prise de service commence par l'appel des 50 ou 60 fonctionnaires présents. Le chef de poste ou l'officier commente les notes de service de la préfecture et oriente l'activité. Ensuite, on attribue à chacun son service : chauffeur police secours, service de répression, garde statique dans un lieu de culte... les hasards du service ! On ne choisit jamais. En principe, cependant, un système de roulement des « bons » - affectation dans le car police-secours – et des « mauvais » services – planton devant un édifice religieux ou non – est mis en place. En police secours par exemple, l'équipage est formé du chauffeur, du chef de car et de 4 ou 5 fonctionnaires. Pour décider de l'ordre des prises en charge des affaires, nous utilisons deux méthodes : « à l'heure » ou « au tour ». « A l'heure » : on divise le temps de service par le nombre de flicards. Celui qui a tiré la première tranche horaire traite toutes les affaires inhérentes à ce laps de temps ; le deuxième prend en charge la seconde heure, etc. « Au tour » : on place un numéro par fonctionnaire dans un képi et chacun en tire un ; au numéro 1 revient la première affaire, au numéro 2 la seconde et ainsi de suite. S'il y a plus d'affaires que de policiers, on recommence avec le numéro 1. La seconde méthode reste la plus utilisée car il revient une affaire à chaque fonctionnaire. Avec la première méthode, il est possible de récolter deux grosses affaires, parfois très différentes et très compliquées, à traiter dans la même heure.

Les interventions police secours sont en quelque sorte le fleuron de la préfecture. Toute intervention est rigoureusement minutée : on mentionne l'heure d'appel, l'heure de départ, l'heure d'arrivée sur les lieux, un bref mais précis descriptif de la situation, l'heure de départ vers l'hôpital le cas échéant – car à Paris, c'est la police qui transporte les blessés et parfois même les cadavres – , l'heure d'arrivée à l'hôpital et l'heure à laquelle le car est de nouveau disponible.

Les premiers mois, je suis toujours accompagné d'un policier titulaire. Lui seul est habilité à prendre les décisions. J'apprends sur le terrain la manière d'intervenir, de poser des questions, de prendre des renseignements, de relever une identité. La « petite identité » consiste à noter les nom, prénoms, date et lieu de naissance, profession et domicile d'un individu : cela suffit dans certaines affaires. La « grande identité », quant à elle, exige aussi la filiation : elle est nécessaire dans certains cas plus particuliers.

Toutes ces choses banales de la vie de flic me mettent devant la pluralité et la diversité des interventions. Aucune n'est pareille. Chaque situation demande une adaptation particulière. Parfois, il faut être énergique, d'autres fois, la diplomatie, la discussion, la persuasion sont de mise. En quelques secondes, le gardien de la paix doit savoir juger sans se tromper de la manière d'intervenir.

Le temps passé au poste de police se résume aux pauses auxquelles tout fonctionnaire a droit. Mais il faut toujours pointer : chaque pause est minutée, y compris la fameuse « pause pipi ». Evidemment, le temps pris pour la rédaction des rapports n'entre pas dans ce décompte. Mais le chef de poste veille toujours à ce que nos pauses ne traînent pas en longueur et que le temps de rédaction d'un rapport reste dans les limites du raisonnable. Pourtant, en ce début de carrière, le jeune flicard que je suis s'évertue à apprendre à taper à la machine à écrire, y compris pendant mes temps de repos ! En effet, à l'école de police, seule la rédaction manuscrite est enseignée. Au poste, il y a de vieilles machines réformées de la préfecture sur lesquelles nous tapotons. C'est du système D ! Pas de professeur pour nous apprendre les rudiments : c'est avec deux doigts que nous cherchons les lettres ! Pour m'entraîner, je tape n'importe quoi : de l'article de journal au rapport fictif. Avec le temps, je m'habitue et je gagne en rapidité mais il faut bien avouer que les premiers documents rendus sont truffés de fautes de frappe : au 5ème exemplaire, avec des papiers carbone usés jusqu'à la corde, le rapport est quasiment illisible ! Les officiers de police n'ont pas plus de cours de dactylographie. Ils ont la chance cependant d'avoir du matériel un peu plus opérationnel : quelques machines à écrire électriques pour les plus chanceux ! On comprend mieux désormais pourquoi la majorité des policiers tapent avec deux doigts ! C'était là toute la préparation à la police du 21ème siècle !

Le temps passé au poste de police est également utilisé à prendre connaissance des notes de service et de tout ce qui concerne les prévisions du jour, les congés, etc.

Sur le terrain, que je sois dans le car de ronde, dans le car police secours ou de surveillance pédestre, c'est pour moi la découverte d'un autre monde. Mon métier de serrurier est déjà bien loin. Je découvre tous les dessous de notre société : celle dont les médias, la presse aseptisée, ne parlent jamais. Dans un arrondissement comme le XVIIIe, nous touchons à toutes les couches de la société. Dans le quartier de la Goutte-d'Or où se côtoient sans gros problème des travailleurs issus du Maghreb, d'Afrique noire et des Juifs, l'on se trouve dans un véritable « bordel » dont les hôtels de passe forment l'épicentre. Des hôtels de passe où des dizaines de filles travaillent à l'abattage sous l'œil bienveillant d'une hiérarchie policière étrangement absente. Et que dire du quartier Pigalle ? Ce fief d'une tout autre prostitution aussi bien masculine que féminine, haut lieu du grand banditisme, à deux pas de ce célèbre triangle touristique regroupant le Sacré-Cœur, la place du Tertre et les quartiers bourgeois de la butte Montmartre. Il faut s'adapter ! Rien à voir avec la théorie enseignée sur les bancs de l'école de police. Apprendre sur le terrain a une tout autre signification. C'est là que le flic se fait ou se défait.

Pendant cette année de stage, je découvre des choses dont je ne pouvais même pas imaginer l'existence. Certains policiers titulaires, chargés d'apprendre le métier aux jeunes recrues, ont une vision un peu particulière du métier : se rendre chez le coiffeur, déjeuner gratis au restaurant, ou même faire un petit détour chez une mère maquerelle ne sont pas pour les gêner !

Ma première intervention en autonomie date du 28 juillet 1969 : une banale affaire de grivèlerie d'aliments par un SDF, au bar situé en face du poste de police. Une intervention qui apparaît comme l'affaire du siècle pour le jeunot que je suis ! Sous l'œil amusé du chef de poste, je me mets à la machine à écrire et je parviens, non sans mal, à finaliser mon rapport : j'ai l'impression d'avoir « arrêté » l'ennemi public numéro 1 ! Or, il ne s'agissait bien évidemment que d'un pauvre bougre qui ne pouvait régler sa note de 2 francs 50. Ma seconde intervention, quelques jours plus tard, sera bien involontaire. En me rendant à mon service en autobus, un soir, je suis témoin d'un carambolage qui vient d'avoir lieu sur le périphérique encore en construction. Je suis en tenue, comme le prévoit le règlement. Alors, les regards des passagers du bus se tournent vers moi. Une forme de panique m'envahit. Je dois répondre présent et ne pas montrer mon désarroi. Sept voitures et une moto sont impliquées. Il y a cinq blessés. Je suis paumé, complètement paumé ! Police secours arrive, ouf ! Je suis un témoin direct de l'accident : on me demande donc de rédiger le rapport. Un ancien guide mon développement de l'affaire. Si cela n'avait pas été le cas, de toute évidence, j'aurais été dans l'incapacité de faire un texte conforme aux exigences administratives.

En fin d'année, une autre affaire marque mon apprentissage sur le terrain. Je suis chargé d'une affaire de C.B.V.[1] entre deux individus. Je rédige ce que je pense être le déroulement fidèle et chronologique de l'affaire. Erreur, grossière erreur ! Le chef de poste couvre mon rapport de corrections ! Le langage commun n'est pas le langage administratif. J'apprends alors qu'un gardien de la paix ne peut pas « confronter » deux individus – qu'il les met simplement « en présence » –, qu'il « n'interroge » pas mais « demande des explications ». La syntaxe administrative entre dans un cadre juridique très précis que chacun doit s'approprier et respecter. En six mois d'exercice sur le terrain, je suis bien loin de tout maîtriser...

La fin de ma période de stage approchant, je suis de plus en plus envoyé en intervention seul ou en binôme avec un autre stagiaire. Ma hiérarchie peut ainsi apprécier mon autonomie, mon comportement, mes qualités et mes défauts. A l'approche de la titularisation, tous les stagiaires sont fébriles. Je n'y échappe pas : la peur de mal faire, de rater une intervention, de ne pas prendre les bonnes

---

[1] Coups et blessures volontaires.

décisions au bon moment, est omniprésente. Je sais que mes supérieurs apprécient ma manière d'intervenir mais ils me reprochent aussi parfois un peu de zèle. Rien n'est acquis mais je me sens très impliqué.

Et je veux réussir car en intégrant la police j'ai fait un choix de raison. J'ai désormais la volonté de l'assumer et de m'impliquer entièrement. La police n'est pas forcément synonyme de répression ; le « flic » n'est pas simplement un individu qui distribue des contraventions à tour de bras, un raciste... ; c'est un citoyen qui possède sa propre vision de la société et qui s'investit dans un métier. Le policier, comme tout homme, possède des droits, des obligations et des devoirs, éprouve des sentiments et des émotions et fait parfois preuve de faiblesse. Ma vision des choses a radicalement changé : quand on vit le métier de l'intérieur, on le perçoit extrêmement différemment. Porter une arme et une carte de police, symboliser le pouvoir et détenir une part d'autorité ne m'est jamais monté à la tête. L'autorité n'est pas l'autoritarisme ; le fait d'être énergique dans une situation ne signifie pas être brutal ou partisan. Toute intervention demande une attitude proportionnée. Tout est fonction d'une analyse juste et cohérente de la situation. Je n'analyse pas de la même manière que le législateur la règle selon laquelle « Force doit rester à la loi ». Il y a des partisans de la force mais il me semble qu'une concertation, une discussion, le fait d'être persuasif, s'avèrent bien souvent plus efficaces que la politique du bâton. Le dialogue deviendra donc ma ligne directrice.

Chapitre 2

Gardien de la paix en tenue

Le métier de gardien de la paix en tenue demande un certain nombre de qualités et de compétences. Etre confronté à des interventions si diverses exigent de faire preuve d'une grande capacité d'adaptation et d'une réelle autonomie. Il s'agit aussi de prendre des initiatives et des responsabilités. Dès que je fus titularisé, je pris le parti d'être très actif en initiatives, d'intervenir sans rechigner. De nombreux gardiens de la paix refusent délibérément d'intervenir de leur propre initiative de peur d'impliquer leur responsabilité, de faire des vagues ou de risquer une sanction. En trente ans de carrière, ces policiers n'auront quasiment rien vu, rien vécu, n'obéissant qu'aux ordres, sans jamais s'investir vraiment dans leur métier. Ils sont souvent conditionnés par la peur de mal faire car en cas d'erreur ou d'oubli, la sanction s'abat. Or toute sanction détermine la promotion et l'avancement... Alors !

Je suis titularisé le 1er mars 1970. L'année 1970 s'annonce riche en émotions. En 1970, je rédige soixante et un rapports dont quarante-neuf d'intervention sur la voie publique. Je continue à apprendre ; je découvre chaque jour la variété du métier de policier en tenue. Je suis confronté, au quotidien, à des responsabilités concrètes.

Titulaire, détenteur du permis B, l'Administration me propose une formation de chauffeur auxiliaire. Je pose ma candidature. Retenu, je suis convoqué le 10 décembre pour passer des examens psychotechniques. En avril 1971, ayant réussi les tests, j'intègre un stage de trois semaines durant lequel je vais apprendre à conduire les poids lourds et les cars de transport en commun. Grâce à ce permis, je serai en mesure de conduire les véhicules d'intervention de la police nationale : camions police secours, autocars, cars de ronde, etc.

Le parc automobile de la préfecture de police n'a pas été renouvelé depuis plusieurs décennies. Titulaire de ce fameux permis, on me fait manœuvrer des cars archaïques, encombrants et terriblement bruyants ! Ces cars sont si imposants qu'il faut faire d'incroyables détours par les grands axes pour les amener par exemple du garage Mc Donald's, porte de la Villette, Paris XIXe, au central du VIIIe, près des Champs-Elysées. Le freinage de ces véhicules est essentiellement dû au frein moteur mais les vitesses sautent. Dans les descentes, il est impossible de tenir le levier de vitesse enclenché sur la seconde ou la troisième. Il est donc impératif qu'un adjoint maintienne le levier pour éviter de se retrouver sans freins ! Ces cars datent de... 1934 ! Ils seront réformés en 1982, après près de cinquante ans de service ! Enfin !

Après avoir obtenu mon permis poids lourds, je suis plus fréquemment affecté à la conduite du car police secours ou du car de ronde. Etre chauffeur d'un car police secours demande des réflexes rapides et précis. Il s'agit d'une conduite à grande vitesse avec tous les risques que cela comporte. En quinze ans de carrière au XVIIIe arrondissement de Paris, je ne serai impliqué que dans cinq accidents. Ma responsabilité ne sera engagée que dans l'un d'eux. Mais les accidents restent des événements extrêmement rares. Nous connaissons parfaitement le gabarit de notre véhicule et les rues de Paris, ce qui limite les risques d'accidents. En intervention, rien n'est laissé au hasard. Le « deux tons » et le gyrophare sont les signaux réservés aux véhicules prioritaires. Mais conduire un véhicule prioritaire ne signifie pas que tout est permis : en cas d'accident, le code de la route s'applique à tous. Les signaux sonores et lumineux sont destinés aux automobilistes qui doivent obligatoirement faciliter le passage.

Contrairement au véhicule police secours, la conduite du car de ronde est beaucoup plus calme. Le car de ronde doit être manœuvré lentement, à vitesse réduite, pour permettre à l'équipage de surveiller les alentours. L'un de mes collègues brigadiers plaçait un verre d'eau sur le tableau de bord et exigeait que ce verre ne verse pas une goutte d'eau sous peine d'être ramené au poste et d'être remplacé par un autre chauffeur. La bêtise poussée à son paroxysme... Nous circulons par équipe de trois ou quatre gardiens de la paix pour surveiller un quartier. Ces véhicules ne sont pas équipés de matériel de premier secours alors qu'ils peuvent éventuellement être dépêchés sur des affaires avec blessés. Ces cars sont utilisés principalement dans le cadre de différends familiaux ou de voisinage et de petite délinquance. Exceptionnellement, ils peuvent être appelés en renfort sur une autre affaire. A une époque, lors d'un braquage, il fallait faire un détour par le commissariat pour s'équiper en pistolets-mitrailleurs et en gilets pare-balles. Bien évidemment, cet arrêt prenait un temps précieux : quand nous arrivions sur les lieux, les gangsters s'étaient enfuis depuis bien longtemps et nous n'étions plus d'aucune utilité si ce n'était pour collecter des informations ! Cette situation a évolué en fonction des ministres de l'Intérieur en place. A une autre époque, nous devions nous équiper d'armes et de gilets pare-balles à la prise de service. Par contre, lorsque nous faisions des transports de fonds – avant l'existence des sociétés privées –, nous étions armés jusqu'aux dents !

A chaque prise de service, le chauffeur procède à un état des lieux détaillé du car : vérification du plein de carburant, des niveaux d'eau et d'huile, du bon fonctionnement général et de la présence du petit matériel de secours. Il veille aussi à la propreté du véhicule. Un matin de juin 1978, au cours du balayage de mon car de ronde, j'ai découvert sous la banquette arrière un pistolet automatique de marque Mauser de calibre 6,35, approvisionné de sept cartouches dont une engagée dans la chambre de tir ! Cette découverte impliquait au moins une erreur professionnelle : un individu interpellé au cours d'une intervention précédente et embarqué dans ce car n'avait pas été palpé correctement. J'ignore les suites de cette affaire mais il n'en reste pas moins qu'il y avait eu là un danger potentiel pour certains de mes collègues.

Les véhicules administratifs sont entretenus dans des garages de la préfecture de police par des gardiens de la paix spécialisés en mécanique. Un certain nombre de fonctionnaires profitent effectivement de postes de détachés permanents. Un policier détaché au titre de garagiste est deux fois mieux payé qu'un mécanicien classique et profite de l'avancement de son statut de gardien de la paix. Ceux qui postulent à un poste de détaché permanent, qu'ils soient mécaniciens, secrétaires ou cuisiniers, auraient bien tort de ne pas profiter d'une telle opportunité. Ce système est injuste. La France, statistiquement, est l'un des pays possédant le plus grand nombre de policiers par habitant. Mais ce chiffre est trompeur : un très grand nombre de policiers ne sont pas des policiers de terrain ! A l'heure actuelle la situation reste la même : aucun ministre n'a jamais osé vraiment revoir le statut et le salaire des détachés permanents. Un fonctionnaire qui passe sa carrière dans un bureau à taper des lettres ou à ranger des archives a peu de risques d'être blessé ou de faire une erreur de jugement qui lui coûterait une sanction. Sa carrière évoluera pourtant au même titre que le fonctionnaire en tenue affecté sur la voie publique. Il est compréhensible que certains fonctionnaires souhaitent échapper à la voie publique ou que l'on affecte certains à des postes administratifs en fonction de leur état de santé. Mais un gardien de la paix, entré dans la police nationale en tant que tel, n'a pas à devenir secrétaire ou mécanicien ! Ce système garantit certains avantages au ministère de l'Intérieur : certes un gardien de la paix coûte plus cher mais il n'a pas le droit de grève contrairement à un employé d'une collectivité territoriale qui coûte moins cher mais peut exercer son droit de grève. Grâce à cette tactique de gestion du personnel, l'Etat assure un fonctionnement continu.

Chapitre 3

Faits divers

Vols de voitures

Ah, mon premier vol de voiture ! Quelle aventure ! Le 17 novembre 1970. Une affaire très simple. En brigade de renfort, je suis affecté à l'entrée d'une école pour faire traverser les enfants. A 13h40, je rentre au poste Dancourt quand je remarque une voiture de modèle DS19 immatriculée dans l'Aisne, garée sur le trottoir, à l'angle de la rue des Trois Frères, au pied de la butte Montmartre. Trois hommes sont à son bord. Intrigué par leur présence, je les contrôle. Je remarque alors que ce qui tient lieu de clé de contact n'est autre qu'une lime à ongles ! Le vol de voiture me semble incontestable. Je deviens fébrile. J'invite les occupants à descendre du véhicule. Si les passagers me présentent leurs papiers sans trop de difficultés, le conducteur avoue avoir oublié les siens dans son appartement situé juste à côté. A peine a-t-il dit cela qu'il s'esquive et s'enfuit en courant. Surpris, je reste un instant sur place, tiraillé entre la nécessité de poursuivre le fugitif et celle de surveiller les deux passagers du véhicule. Heureusement, à ce moment-là, l'un de mes collègues m'aperçoit et me rejoint. Je lui demande de rester auprès des deux hommes afin de me lancer à la poursuite du troisième individu. Je le rejoins après quelques minutes de course. Là, l'homme se retourne, me fait face, puis reprend aussitôt sa course dans l'autre sens. Il passe près de moi à toute allure, me bouscule... Il s'enfuit ! Abasourdi, je fais demi-tour et me lance de nouveau à sa poursuite. Je suis incapable de le rattraper : il est sur le point de m'échapper ! Quelle solution ? Instinctivement, j'empoigne mon arme. Je la braque sur le fuyard ; je crie de toutes mes forces : « Eh, tu arrêtes maintenant ou je tire ! »

Légalement, je n'ai aucun droit de tirer sur un fugitif : il ne s'agit pas de légitime défense. Mais comment l'arrêter autrement ? La menace ne l'inquiète pas : l'homme poursuit sa course. J'arme mon pistolet. Au bruit de la culasse, le fugitif prend peur ; il stoppe net et se laisse arrêter. Les trois hommes seront finalement conduits à la brigade territoriale, service chargé entre autres des vols de voitures. Une enquête sera ouverte : je serai entendu et confronté aux voleurs. Au cours de cette confrontation, j'expliquerai l'interpellation, justifiant l'usage de mon arme comme outil de dissuasion. Le fugitif quant à lui racontera pourquoi il s'est enfui : récemment sorti de prison, il craignait d'y retourner. Pris de panique, il s'était sauvé. Ma sommation l'avait fait renoncer.

Après cette confrontation, je n'eus plus aucune nouvelle de cette affaire. Apparemment la voiture avait bel et bien été volée et une procédure judiciaire fut donc ouverte. Mais cette intervention me permit de réfléchir encore davantage sur le pouvoir que m'octroyait le port d'une arme. En dégainant mon pistolet, je me trouvais dans l'illégalité la plus parfaite. Ayant placé une cartouche dans la chambre de tir, je n'étais pas à l'abri d'une mauvaise manœuvre, voire d'une bavure. J'aurais pu commettre l'irrémédiable pour un simple vol de voiture. Cet épisode me servit de leçon pour la suite de ma carrière. Ce jour-là, je pris conscience que je portais une arme de mort mais que cela ne me donnait aucunement le droit de distribuer la mort. Mon rôle était d'interpeller les gens, pas de les tuer, même s'ils avaient commis un délit. D'ailleurs, quelle sorte de délit peut bien justifier la peine de mort ? Un vol de voiture, une bousculade, une insulte n'impliquent en aucun cas la menace d'une arme et encore moins son utilisation. Sur l'instant, je m'étais enflammé à l'idée d'interpeller mes premiers voleurs de voitures en flagrant délit. Dégainer mon arme ne m'a pas été reproché par ma hiérarchie, mais ce jour-là, j'ai pris véritablement conscience de mon pouvoir et des limites de ce pouvoir.

D'autres affaires de voitures volées marquent mon début de carrière. En 1971, par exemple, je découvre « un véhicule sur la voie publique faisant l'objet d'un télégramme de recherche des services de la police judiciaire de Nancy » : ce véhicule est recherché pour avoir servi à de faux-monnayeurs. La voiture, immatriculée en Allemagne, stationne sur le boulevard Rochechouard depuis plusieurs jours. A cette époque, peu de voitures étrangères circulent à Paris. Je la signale donc au service des voitures volées qui nous informe qu'un véhicule de même marque, de même couleur, mais avec une immatriculation légèrement différente est recherché. Vu la proximité du numéro, cette voiture peut effectivement être la bonne. L'état-major de la brigade de voie publique de la PJ, avisé rapidement, confirme la version du SRPJ et demande son transport au poste central. La police judiciaire prend immédiatement l'affaire en main : nous ne saurons jamais les suites de l'enquête.

Toujours en matière de vols de voitures, je suis confronté à une affaire relativement importante pour un gardien de la paix en tenue, le soir du 9 septembre 1976. Ce soir-là, les brigades reçoivent un appel général : une voiture de marque Simca est recherchée pour un vol d'essence. Mais la nuit ne donne aucun résultat. Le lendemain midi, sur le trajet du poste, mon attention est attirée par un collègue en pleine discussion avec un automobiliste récalcitrant. Je remarque aussitôt que le véhicule contrôlé n'est autre que celui recherché depuis la veille. Avec deux collègues, nous interpellons aussitôt les occupants. Le conducteur et l'un des passagers n'offrent aucune résistance tandis que les deux autres occupants prennent la fuite, qui plus est dans deux directions différentes ! Je réussis à en rattraper un mais le second disparaît. L'interpellation a provoqué un véritable attroupement. L'un des badauds raconte qu'il vient d'être victime d'un vol de tiroir-caisse de la part de quatre individus : il souhaite voir les suspects pour les reconnaître. Ce sont effectivement ses agresseurs. Les trois hommes arrêtés sont conduits au poste de police. Nous découvrons alors que le véhicule a été volé à une société de location. Dans le coffre de la voiture, nous trouvons du matériel de cambriolage (tournevis, lampe torche...), de l'argent liquide, quinze appareils photo, cinq caméras, trois trépieds et des bouteilles de laque. Les individus avouent avoir effectivement commis un vol d'essence mais ils ajoutent qu'ils sont aussi les auteurs de deux cambriolages, dans un magasin d'appareils photo et dans un salon de coiffure, et d'une quinzaine de vols à la roulotte. L'un d'eux avoue encore avoir dérobé de l'argent dans le tiroir d'un magasin du XVIIIe arrondissement de Paris. Cette affaire fera beaucoup de bruit dans notre commissariat : il s'agissait de voleurs très bien organisés qui n'en étaient pas à leurs premiers essais. Un beau coup de filet ! Cette intervention d'initiative avait demandé de l'intuition, mais aussi de la mémoire – le vol d'essence de la veille nous avait mis sur la piste – et, il fallut bien l'avouer, ce fut surtout un heureux concours de circonstances.

Octobre 1978. Il fait nuit. La soirée est bien avancée. Je suis de service de ronde, en tenue, à bord d'une 4L administrative banalisée. Nous croisons un homme qui fait de l'autostop sur un trottoir de la rue Belliard. L'homme est jeune : une petite vingtaine d'années. Il n'a pas conscience de notre proximité. Nous décidons de l'approcher pour lui demander s'il a besoin d'aide. Il ne nous reconnaît pas : « Je viens de tomber en panne avec ma voiture. J'habite dans le quartier de Stalingrad. Si vous allez dans cette direction, cela m'arrangerait... » Il pointe alors son véhicule, stationné quelques mètres plus loin : une Simca 1000. Je descends de la 4L et lui demande les papiers du véhicule. Le jeune homme réalise enfin à qui il a affaire. Il est surpris, panique, bafouille. Il dément sa première version. Il nie être le propriétaire de la Simca. Ses propos deviennent incohérents, ses déclarations contradictoires. Mon collègue fait le tour du véhicule : les portières ne sont pas verrouillées, le néman est cassé, le moteur est encore chaud. *Un véhicule volé ! Jolie prise !* Le jeune homme est interpellé. *Pas de chance !*

Vols de cyclomoteurs

Autres affaires banales : les vols de cyclomoteurs et de motocyclettes. Dès mes débuts en tant que policier titulaire, je compris que ce genre d'interventions ferait définitivement partie de mon quotidien.

16 juin 1975. Fin d'après-midi. L'atmosphère est lourde. Je viens de quitter le poste des Grandes-Carrières pour me rendre sur mon point de service : les puces. Chemin faisant, rue Belliard, je remarque trois individus : l'un est assis sur une moto dont le moteur tourne, les deux autres se tiennent à côté. Leur attitude m'interpelle : ils semblent parler prudemment, l'œil aux aguets. Je dois en avoir le cœur net. Je quitte ma trajectoire pour aller à leur rencontre. Les trois hommes comprennent immédiatement mon intention : à ma vue, le conducteur de la moto en descend précipitamment et tente de s'enfuir. *J'avais donc raison : quelque chose se trame ici !* Mais l'individu n'est pas assez rapide : je le ceinture immédiatement. Il se débat... se dégage... disparaît, abandonnant son pull-over. Les deux autres hommes tentent de fuir à leur tour. Tout se passe très vite. J'en saisis un : il tentait de redémarrer la moto. Il riposte, résiste et essaie de me frapper. Je tiens

bon. Je réussis à passer une menotte à son poignet et l'autre à l'un des miens. Mais l'homme est fort... Je dois faire preuve de beaucoup de fermeté. Je suis en difficulté c'est évident... C'est alors qu'un taxi s'arrête brusquement sur la chaussée. Le conducteur descend et vient spontanément me donner un coup de main ! Incroyable ! Il m'aide à maîtriser l'individu. Il attend patiemment l'arrivée des secours à mes côtés. Quelques minutes plus tard, le suspect est conduit au poste de police. Il nous apprend qu'il est recherché pour insoumission : il a été condamné mais a tout fait pour ne pas être arrêté. Il avoue que la moto est volée et qu'il connaît les deux autres individus en fuite : ils fréquentent le même bistrot. Des fiches de recherche sont diffusées pour tenter de retrouver ces deux hommes. Il est mis à disposition pour flagrant délit de vol de motocyclette et violence à agent dans l'exercice de ses fonctions. Le chauffeur de taxi, quant à lui, sera, sur ma demande, félicité officiellement pour son intervention : sans son aide efficace, j'ignore comment l'affaire aurait tourné. Ce comportement exemplaire méritait bien des remerciements. Le travail des policiers serait certainement plus facile si chaque citoyen se sentait ainsi concerné.

Avril 1977 : nous interpellons un gardien de la paix en flagrant délit de vol de motocyclette !

Patrouille porte de Clignancourt. Deux jeunes gens : l'un circule sur une motocyclette, l'autre sur un cyclomoteur. Le conducteur de la moto ne porte pas de casque. A notre vue, les jeunes gens prennent la fuite. Ils s'engouffrent dans un sens interdit, sur la contre-allée de l'avenue de la porte de Clignancourt. Nous nous lançons à leur poursuite. Prévoyant un demi-tour possible sur le trottoir servant au marché aux puces, deux gardiens de la paix sont placés à l'angle des rues Binet et Clignancourt. Quelques secondes plus tard, nous parvenons à la hauteur de l'un des fugitifs : le conducteur de la moto a calé ! Nous l'interpellons avec difficulté. Pendant ce temps, le jeune cyclomotoriste tente de fuir par le trottoir. Nous avions prévu cette stratégie mais il évite habilement les gardiens placés là et disparaît. Nous conduisons l'individu interpellé au poste. L'identification nous révèle alors que l'individu n'est autre qu'un collègue : un jeune gardien de la paix stagiaire ! Et nous venons de l'arrêter en flagrant délit de vol de motocyclette ! L'affaire, prise en charge par l'IGS, n'est pas banale : il n'est heureusement pas fréquent qu'une équipe de gardiens de la paix arrête un collègue, mais cela arrive !

Juin 1983 : énième affaire de vol de motocyclette. Je suis de surveillance sur le marché aux puces. Un début d'après-midi calme et ensoleillé. Tout un coup, une motocyclette pétarade. Je me retourne. La passagère ne porte pas de casque. J'interpelle les deux jeunes gens, une fille et un garçon. Je demande au jeune homme de me présenter ses papiers. Il semble pris au dépourvu. Il dit avoir perdu ses papiers la veille : il se trouve désormais sans permis de conduire, sans carte d'identité ni carte grise. La jeune fille, mineure, dit avoir elle aussi égaré ses papiers. Je les conduis au poste pour procéder aux vérifications. Le jeune homme se dégage de toute responsabilité : « j'ai acheté cette moto la semaine dernière à la gare de Lyon à un homme prénommé Pascal. Il m'a fait signer un document qu'il a gardé. Je lui ai donné 2000 francs en liquide ». *A priori*, le véhicule n'est pas signalé volé. La version du jeune homme tient la route. Lui et sa compagne ne sont pas recherchés. Grâce au service d'immatriculation, j'apprends que la moto est faussement immatriculée. Les voleurs ou les receleurs – l'enquête le déterminera – ont poussé eux-mêmes le fruit de leur délit jusqu'au poste de police... pour se retrouver en garde à vue !

Vols divers

Outre les affaires de vols de cyclomoteurs et de motocyclettes, notre lot quotidien est aussi celui des vols divers : vols avec effraction, vols à la roulotte, vols avec violence, vols qualifiés... Certaines de ces interventions relèvent presque de l'étrange : vol de sacs à main, vol de disques au marché aux puces, vol avec effraction sur un distributeur de chewing-gums dans le métro, vol par un salarié de blousons de cuir revendus ensuite sur le trottoir, cambriolage au siège du PCF, vol de bouteilles de gaz, de bijoux, d'outillage, de briquets de luxe, de pare-chocs, de packs de lait, de stylos, crayons et autres agendas...

Février 1972 : 23h. Un jeune homme d'une vingtaine d'années se présente au poste : il vient d'être pris à partie et bousculé par « un Noir et deux Arabes » dans un débit de boissons du boulevard de la Chapelle. Il nous décrit ses agresseurs, ils lui ont volé son portefeuille avant de s'enfuir. La victime continue : « J'ai quitté calmement les lieux et suis revenu aussitôt. J'ai pu voir que le Noir était revenu. Je suis donc allé vous voir ». L'agresseur serait donc revenu sur le lieu de son acte ? Original ! J'avise les collègues de ma brigade et nous nous rendons boulevard de la Chapelle. Sur place, la victime nous montre l'individu, discrètement, à travers la vitrine de l'établissement. Je conviens alors d'une stratégie avec mes deux collègues afin que le suspect ne prenne pas la fuite : l'un entrera dans le débit de boissons par une petite porte située à l'angle de la rue Charbonnière tandis que les deux autres pénétreront par la porte principale. Mais au moment même d'intervenir, nous sommes repérés : la « cible » est effectivement interpellée, mais à notre vue un autre individu prend la fuite par une troisième porte. Je crie à mon collègue de le rattraper. Je me précipite à mon tour.

L'homme est sorti ! Je le poursuis à quelques mètres derrière lui. Peut-être cinq minutes d'une course haletante... Je remonte, je remonte... J'arrive finalement à le rejoindre. Il se débat ; il est entraîné ! Il se dégage, abandonnant son manteau. Je reprends la poursuite. Il est déterminé et prend de plus en plus d'avance. Il passe derrière un immeuble. Je tourne derrière lui mais... il a disparu. Aucune trace. Quelle frustration ! Tout ce mal pour rentrer bredouille ! Je reviens au poste où mes collègues ont conduit l'homme arrêté dans le bar : cet homme est bel et bien l'un des agresseurs du jeune homme. Il porte sur lui un couteau et une grosse épingle longue de cinq centimètres. La victime reconnaît aussi le manteau que je lui présente : il appartient effectivement à l'un des deux autres agresseurs. Nous établissons ensemble le signalement de l'homme en fuite afin qu'il soit transmis par la direction à tous les postes de l'arrondissement et des quartiers voisins. L'individu interpellé quant à lui est mis à disposition pour vol à la tire et port d'arme blanche. Cette interpellation reste dans ma mémoire pour la vivacité d'esprit – si ce n'est la vivacité d'action ! – dont nous avons fait preuve ce jour-là. Un policier n'est pas qu'un exécutant, encore lui faut-il faire preuve de réflexion et de stratégie dans certaines interventions plus délicates.

L'une des affaires de vol qui a marqué ma carrière est une arrestation en flagrant délit, après poursuite, de deux individus pour vol qualifié avec effraction à l'intérieur d'un débit de boissons. Il s'agissait en fait d'un vol parmi beaucoup d'autres. Leur arrestation mettait fin à une longue série de délits et venait soulager de nombreux commerçants du quartier.

Eté 1976. Une mission de surveillance sur le boulevard Rochechouard. Nous remarquons deux hommes : ils sont debout devant leurs cyclomoteurs respectifs et discutent autour d'une caisse de fer. Cela semble suspect. Nous jugeons bon d'aller à leur rencontre. A peine avons-nous fait quelques pas dans leur direction que l'un des deux prend la fuite. Mes collègues se lancent derrière lui à toutes jambes. L'individu les emmène plusieurs centaines de mètres plus loin, entre les métros Bonne-Nouvelle et Strasbourg-Saint-Denis sur le $2^{\text{ème}}$ arrondissement. Ce n'est qu'après une course de plusieurs minutes qu'ils parviennent à saisir le fugitif. Pendant ce temps, j'interpelle l'autre homme : peu rapide, il n'a pas eu le temps de démarrer sa « Motobécane ». Je lui passe le cabriolet. Mes collègues reviennent. Pris en charge par le car d'un autre arrondissement, l'homme qu'ils ont arrêté est tendu, crispé. Qui ne le serait pas dans sa situation ! Au cours de la poursuite, il s'est délesté de tout un attirail : gabardine, pointille, tournevis, pied-de-biche, pince universelle, marteau ! Questionné, il se tait. Il ne lève les yeux que pour chercher le regard de son complice. Des renforts arrivés rapidement prennent en charge les deux hommes et le matériel : deux cyclomoteurs mais surtout tout le kit du parfait voleur : de nombreux outils remplissent les sacoches des cyclomoteurs. La caisse en fer, dont le cadenas a visiblement été forcé, contient plusieurs centaines de pièces de un franc : il s'agit probablement de la caisse d'une machine à sous, volée dans un débit de boissons. A peine sommes-nous rentrés au commissariat qu'un homme téléphone et raconte avoir été victime d'un vol dans sa salle de jeu. Au même instant, les deux individus interpellés sont trouvés porteurs d'une incroyable quantité de billets de banque et de monnaie trébuchante. Les indices s'accumulent laissant place à une hypothèse bientôt confirmée : nos hommes sont des professionnels du vol dans les salles de jeu, spécialistes du forçage des caisses des machines à sous. Un loisir qui peut rapporter gros ! Depuis des mois, ils récoltaient des milliers de francs grâce à une stratégie et à un savoir-faire bien rodés.

Février 1980 : affaire de vol avec violences.
Il est tard : près de minuit ; il fait extrêmement froid. Un vent glacial parcourt les rues désertes de la capitale. Soirée relativement calme. Je suis de service à bord d'un car de ronde. Un appel : nous devons nous rendre rue Torcy. Une affaire de vol avec violences. Sur place, nous trouvons une femme de quarante ans. Une institutrice. Elle semble choquée. Qui ne le serait pas ? Elle vient d'être agressée : « je rentrais à mon domicile, par la rue de Torcy. Je venais de la rue de la Chapelle. Arrivée à la hauteur de la rue de l'Evangile, je me suis aperçue que j'étais suivie par un individu. J'ai accéléré le pas. Arrivée devant mon domicile, l'individu m'a saisie de la main gauche par le col de mon manteau ; tenant de la main droite un couteau à moquette. Il m'a dit : « Si tu cries, je te tue ». Et il m'a arraché mon sac à main. J'ai alors crié de toutes mes forces. J'ai appelé mon mari. Il est arrivé quelques instants plus tard et s'est lancé à la poursuite de mon agresseur ». La jeune femme, à ma demande, me décrit alors l'individu : « Un homme de vingt-cinq ans environ. Un Africain, bien habillé. Je crois qu'il portait un pantalon clair ». Fort de ses renseignements, nous invitons la victime à participer à une ronde dans le quartier afin de tenter de trouver l'agresseur. Après quelques minutes de recherche, nous trouvons le mari de la victime : il dit avoir poursuivi le malfaiteur jusqu'à la rue de Girard avant de perdre sa trace. Prenant en compte ses informations, nous continuons notre enquête : visite de bars et restaurants, itinéraire dans les rues adjacentes... C'est alors que, rue Ordener, nous remarquons un homme répondant au signalement : il est accoudé au comptoir d'un bar. L'homme nous repère immédiatement. Il se lève, quitte

rapidement le comptoir et s'empresse de se débarrasser de plusieurs objets derrière le juke-box... Nous ne sommes pas dupes ! Nous entrons. L'individu est interpellé. Derrière le juke-box nous trouvons le chéquier de la victime, sa carte d'identité, quelques papiers et... un couteau à moquette.

Les vols de chèques et de chéquiers représentaient des affaires assez fréquentes. Parfois aussi, nous arrêtions des individus pour émission de chèques sans provision, faux et usages de faux, escroquerie. Combien d'additions de restaurant ont été réglées avec des chèques volés !

Vol à la tire, vol à la roulotte, vol avec violences... La partie visible de l'iceberg ... Car le racket organisé fait aussi partie de la vie quotidienne à Paris : mais qui ose en parler ?

Avril 1976. J'achète quelques fruits et légumes chez un commerçant de la rue du Poteau. A la pesée, je remarque qu'une somme de cinq centimes est inscrite sur la balance avant même que toute marchandise ait été déposée sur le plateau. Je demande une explication à la vendeuse : elle appelle son patron. Exaspéré, il gueule : « Ces machines coûtent assez cher. Si elles ne fonctionnent pas, je n'y peux rien. Si vous n'êtes pas content, vous n'avez qu'à aller vous faire servir ailleurs ! » Je lui fais alors remarquer que procéder de cette façon relève du vol. Il ajoute : « Les flics, je les ai tous dans la poche. Je paie assez cher pour cela ! » Ces paroles sont prononcées devant un public nombreux. A aucun moment je ne fais état de ma qualité de gardien de la paix. Mais le message est parfaitement clair : ce commerçant – comme combien d'autres d'ailleurs ? – est vraisemblablement victime d'une forme de « racket » bien organisée – mais par qui ?

Un mois passe. Je retourne dans ce magasin : je veux y acheter des pommes de terre. A la pesée, le vendeur ôte délibérément la marchandise du plateau avant que la bascule ne se stabilise. Je le lui fais remarquer sans rien réclamer. De retour chez moi, je vérifie le poids : il manque 190 grammes sur un total de cinq kilogrammes de légumes payés ! Au cours des semaines suivantes, je retourne plusieurs fois dans ce commerce : à chaque fois, immanquablement, le vendeur soulève le sachet avant l'arrêt total de la bascule. Je remarque aussi qu'il retire systématiquement une pomme de terre avant de remettre la marchandise au client ! Fort de ces constatations, je rédige un rapport : je n'omets pas bien entendu de répéter les paroles du commerçant. Quelles suites y furent données ? A ma connaissance : aucune ! L'individu put vraisemblablement continuer à abuser ses clients en toute impunité sous le regard bienveillant des policiers...

Paradis artificiels

Dans les années soixante-dix, les interpellations concernant les stupéfiants sont relativement rares. Les drogues sont encore loin d'être des « objets de consommation courante ». Une affaire de stupéfiants vient donc mettre un peu de fantaisie dans notre quotidien.

Février 1975 : première affaire de « stup ». Je conduis le car de ronde dans le quartier Barbès. Je remarque une AMI 8 : une lime à ongle fait office de clé de contact. Classique ! Nous interpellons le conducteur. Il présente son permis de conduire sans prononcer un mot. Aurait-il quelque chose à se reprocher ? A l'intérieur de la voiture, trois autres personnes : un à l'avant, deux autres à l'arrière. L'un des passagers arrière est allongé ; sa tête repose sur les genoux de son ami : tous deux sont occupés à fumer ce que nous savons être du « H ». Les trois individus sont manifestement dans un état second : ils rechignent à présenter leurs papiers d'identité, à donner leur nom. Nous les invitons à sortir de là. Ils émergent difficilement, titubent... Leur état est évident ! A la palpation, l'un d'eux est trouvé porteur d'un sachet contenant plusieurs cailloux de hachisch, d'un poids total d'environ 40 grammes.

Cette intervention – qui aujourd'hui paraît tout à fait banale – ne l'était pas en 1975 : ce type de produit circulait beaucoup moins qu'aujourd'hui. Rares étaient à l'époque les « fumeurs de hachisch », encore plus rares ceux que l'on interpellait en « flag » de consommation.

Trois ans plus tard, de service de surveillance près du square Girardon, je suis confronté à ma première affaire d'usage de stupéfiants par piqûre. Traversant le square, je remarque un homme assis sur un banc. Il est seul, recroquevillé sur lui-même. Il semble jeune, maladif... Je le contourne pour l'approcher de face. Il ne m'entend pas arriver. Quand il lève les yeux et se rend compte de ma présence, il est pris de tremblements. Tout son corps se met à onduler. Je m'approche doucement. Je me veux rassurant. C'est alors que je vois une sacoche à côté de lui : une seringue est posée sur un morceau de coton imbibé de sang frais. Je comprends. Je n'avais encore jamais rencontré d'héroïnoman... Comment lui parler ? Comment intervenir ? Il est hors la loi ; ma mission est de la faire respecter... Il est malade... Est-ce une circonstance atténuante ? Je dois l'interpeller, je le sais. Est-ce pour son bien ? Je l'invite à me suivre jusqu'au car de ronde, stationné à quelques mètres du parc. Je l'aide, je le soutiens... Il remballe lentement son matériel... Je vois bien qu'il fait les frais de sa dose... Il titube, manque de tomber... *Je suis là mon gars...* Nous l'aidons à monter dans le car, à s'asseoir. Nous remarquons qu'il porte des traces de piqûre sur les avant-bras, aux pliures, mais aussi sur les deux jambes. Dans sa sacoche, nous trouvons du matériel d'injection et des gélules vertes et blanches. La drogue n'est pas encore monnaie courante. Nous sommes ignorants : *de quoi s'agit-il ? Qui a mis cela entre les mains de notre jeunesse ? Pourquoi ?*

Au fil des années, les interventions sur des affaires de détention et d'usage de stupéfiants deviennent de plus en plus fréquentes. Le nombre d'interpellations augmente progressivement ainsi que les quantités de drogue trouvées en possession des individus arrêtés.

Mars 1979. Début d'après-midi ensoleillé. Nous patrouillons. Une Mercedes blanche circule sur le boulevard Ornano. Le feu passe au rouge. Nous arrivons, sur la voie de gauche, à la hauteur de cette voiture. Rien d'anormal. Le conducteur tourne la tête vers nous. Son visage se vide de son sang : il accélère brutalement. Coups de klaxon, piétons pétrifiés... Feu vert... J'appuie sur l'accélérateur... Seconde, troisième... Peu de circulation à cette heure-ci... Heureusement ! Nous prenons la Mercedes en chasse. Direction Saint-Ouen. A peine quelques secondes pour que je profite de la circulation et que je puisse la coincer contre des véhicules en stationnement. Nous descendons et nous nous présentons devant la portière du conducteur. A peine avons-nous le temps d'ouvrir la bouche qu'il se met à hurler : « C'est ma voiture ! Je n'en descendrai pas. Je suis ici chez moi ! Mon père est colonel : je lui ferai part de votre attitude ! » L'homme est hystérique ! Je balaie l'habitacle du regard : sur la banquette arrière, un paquet assez volumineux. Le conducteur se retourne et tente de le dissimuler sous une veste jetée là. « De quoi s'agit-il ? » L'homme tremble : il est excessivement nerveux. Il bafouille : « Des affaires personnelles... » Il est visiblement embarrassé. Nous insistons. Il tente subitement de s'enfermer dans sa voiture. Avec la force strictement nécessaire, nous l'obligeons à descendre et le transférons dans le car de police. L'homme se calme : a-t-il d'autres choix ? Dans le sac plastique de la banquette arrière, nous trouvons 530 grammes de stupéfiants, *a priori* du cannabis. Au poste, la palpation permet aussi d'écarter plusieurs chèques signés de divers noms, provenant certainement d'affaires rondement négociées. 500g d'herbe ! Un coup de filet formidable pour l'époque et encore plus pour un flicard en tenue !

Dès 1980, les interventions pour détention et usage de stupéfiants deviennent toujours plus fréquentes. En 1983, les interpellations en flagrant délit de consommation, détention, voire cession de stupéfiants sont pratiquement monnaie courante : près d'un tiers des affaires sont liées, de près ou de loin, à la drogue ! La diversité des produits s'accentue aussi : cannabis et LSD, mais bientôt cocaïne et héroïne apparaissent dans tous les secteurs du XVIIIe arrondissement.

Juillet 1983. Car de ronde, fin de matinée. Rue de Chartres. L'endroit est connu depuis plusieurs mois pour être un haut lieu de la revente de stupéfiants. Nous stationnons quelques mètres en avant afin d'approcher l'attroupement le plus discrètement possible. Nous rejoignons un groupe. Les négociations vont bon train. Devant nous, deux jeunes hommes font affaire : nous les interpellons *illico*. L'un d'eux nous explique, l'air hagard, qu'il se drogue depuis un mois : il fume du hasch. Il dit avoir eu envie de « se piquer ». Son revendeur lui a alors proposé des doses d'héroïne en plus de ses doses de haschisch habituelles. Le revendeur, interpellé lui aussi, est trouvé porteur de cinq bâtonnets de haschisch et de quatre doses d'héroïne.

Enfants perdus

Mars 1971. Fin d'après-midi. Le téléphone sonne, pour la énième fois, au standard du commissariat : il s'agit du gérant d'un débit de boisson. Il veut nous voir, de toute urgence. Une affaire d'agression sur mineur semble-t-il.

Nous partons immédiatement. Sur place, un homme nous attend. Il est visiblement choqué. Le patron du bar nous explique que son aide-cuisinier, demeurant dans un appartement situé au premier étage de l'immeuble, a agressé une petite fille de onze ans : c'est le père de la fillette, alerté par son enfant, qui a déclenché l'affaire. Le père est en colère. Comment le blâmer : on le serait pour moins que ça. Mais il faut questionner l'enfant. Comment s'y prendre ? Comment la faire parler sans l'effrayer davantage ? Me voici assis devant cette petite : menue, tremblante – comme mon uniforme semble l'impressionner ! –, timide... Elle cherche un soutien dans le regard de son père. L'homme est tiraillé : il veut que sa fille parle – *il le faut coûte que coûte pour que cet homme soit puni* – mais il ne veut pas entendre... Il ne veut pas que sortent de la bouche de sa petite fille innocente les mots crus, les mots vulgaires, qui matérialisent ce qu'elle vient d'endurer...

Mise en confiance, la petite nous confie sa version. Elle décrit les faits innocemment, sans comprendre véritablement qu'il s'agit là d'un crime, sans réaliser vraiment qu'un adulte a abusé de sa crédulité.

Le jeune homme est interpellé et mis à disposition pour « attentat à la pudeur sur une mineure de 11 ans ». La fillette, quant à elle, est conduite à l'hôpital pour y subir les examens de rigueur.

Au poste, je dois rédiger mon rapport. Une affaire de pédophilie ! Comment en parler ? En quels termes ? Comment retranscrire les paroles de la petite fille sans dénaturer ses propos, en respectant sa parole, en toute objectivité ? Je me lance dans l'écriture d'un premier rapport :

« La jeune Nathalie[2], écolière, me déclare :
Je venais de faire des commissions et je rentrais chez moi lorsque C. m'a rejointe dans l'escalier. Il m'a saisi les deux poignets et a posé son autre main sur ma bouche en me disant : « On va faire l'amour ». Il m'a donc fait rentrer chez lui, il m'a embrassée sur la bouche, m'a ôté mon pantalon puis mon slip. Il s'est alors déshabillé, il a enlevé seulement son pantalon et son slip. Il m'a alors écarté les cuisses et embrassée sur le pubis, puis à nouveau sur la bouche. Comme je voulais crier il a posé à nouveau une main sur ma bouche. A ce moment sa verge était grosse et dure, il me l'a fait toucher en me disant maintenant, on va baiser. Il s'est couché sur moi, m'a écarté les jambes en me mettant sa verge entre les cuisses et en faisant un mouvement de va-et-vient, il avait toujours une de ses mains sur ma bouche. Ensuite, il s'est relevé et m'a renvoyée chez moi en me disant de ne rien dire à mes parents. Il n'a pas éjaculé sur moi. »

Mon officier lit le document. Il grimace, insatisfait. Il me fait remarquer – en tout état de cause – que j'ai traité l'affaire avec mes mots d'adulte. Ce témoignage au vocabulaire si précis ne peut pas être celui d'une enfant de 11 ans. Je dois réécrire le rapport en résumant les mots de la fillette, sans dénaturer son propos, en respectant sa version :

« La jeune Nathalie, écolière, demeurant chez ses parents à l'adresse précitée m'a déclaré qu'elle revenait de

---

[2] Prénom d'emprunt.

faire des commissions, que C. l'a abordée dans l'escalier puis l'a fait entrer chez lui. Il l'a déshabillée après s'être dévêtu lui-même, l'a embrassée, puis lui a fait subir des violences. Il l'a laissée repartir sans difficulté ».

Je suis démuni devant cette affaire. Jamais confronté à des cas de « pédophilie », terme que l'on n'utilisait pas à l'époque, et novice en matière de psychologie enfantine, mon inexpérience s'illustre parfaitement dans ce premier rapport.

Quatre ans plus tard : autre cas...
Un après-midi. Fin décembre 1974. J'habite un appartement situé au rez-de-chaussée d'un immeuble du Xe arrondissement. Jour de repos : je bricole. Par la fenêtre, je vois un enfant : il erre, seul, sur la pelouse. J'ouvre la fenêtre pour lui faire gentiment remarquer qu'il n'est pas autorisé à marcher sur les espaces verts. A mon appel, il sursaute. Il me regarde avec de grands yeux perdus. Impressionné, sans mot dire, il quitte la pelouse et s'engouffre en courant dans le hall donnant accès au local à poubelles. Quel étrange enfant ! Mon instinct me dicte de le suivre : quelque chose ne va pas. Son attitude, son regard, sa réaction… Je sors. L'obscurité du soir commence à tomber. Je rejoins le local à ordures. J'ouvre prudemment la porte... Je ne vois personne. Il fait extrêmement sombre dans le cagibi... Il faut quelques secondes pour que mes yeux s'habituent enfin. C'est alors que je distingue la silhouette d'un homme : une silhouette haute et épaisse. Ma vue s'améliore encore... Je suis effaré quand je réalise que l'individu qui se tient là, debout, a sa braguette ouverte. Il tente de dissimuler son sexe. Je veux pousser la porte un peu plus. La porte résiste. Je dois me pencher pour regarder ce qui la bloque... L'enfant est là ! Il se cache derrière. Je comprends immédiatement la scène

qui se joue ici. Cet homme... Cet enfant... Profitant de ma stupéfaction, de cette seconde d'incrédulité, l'adulte réagit, me plaque contre le cadre de la porte, me bouscule violemment et s'enfuit à toutes jambes avant même que je ne puisse le retenir. Illico, reprenant mes esprits, je me lance à sa poursuite. Il n'est pas si rapide. Ou bien peut-être suis-je plus entraîné ! Je le rattrape facilement quelques mètres plus loin. Il se débat. Je l'immobilise. Police secours arrive et je retourne en courant au local. J'espère que le gamin sera toujours là même si je sais pertinemment qu'il ne m'aura pas attendu. Trop tard... Il a disparu...

L'individu interpellé est déféré devant la justice. On me demande de témoigner et de décrire la scène dont j'ai été le spectateur dans les moindres détails. Le juge d'instruction organise une confrontation. Je reconnais l'individu. On m'explique alors que c'est un récidiviste. Je quitte le bureau du juge plus serein qu'en y entrant : cet homme ne pourra provisoirement plus nuire... Mais pendant combien de temps ? Dans quelques mois, dans quelques années, n'y aura-t-il pas d'autres jeunes victimes ? Je revois le visage de ce petit garçon, pâle, grave, lavé de toute son innocence... Un enfant victime...

Les enfants sont des proies faciles, dociles... Leur innocence, leur crédulité en font des êtres à part... La réalité n'est pour eux qu'un savant dosage de confiance, d'imaginaire et d'incompréhension. Mais quand arrive l'âge de l'adolescence, d'un coup d'un seul, le monde réel s'impose à eux : la société leur impose de briser le cocon familial et de déployer leurs ailes pour prendre leur envol... Certains, livrés à eux-mêmes ou mal accompagnés dans cet instant crucial, n'auront d'autres choix que de voler à l'aveuglette ou de partir en vrille... Le flic ramasse alors certains de ces accidentés de la vie et tente, l'espace d'une seconde, de les aider à reprendre leur envol...

Fin 1972. Il est 11h. Je marche jusqu'à mon point de service, dans le quartier de Pigalle. La vie grouille dans ce quartier animé. Sur le chemin, je remarque deux adolescents : une grande fille mince, aux cheveux châtains filasses, au nez proéminent, aux yeux sévères ; un garçon au visage buriné et bruni par trop de soleil, aux épaules carrées, à l'allure désinvolte. Leurs pantalons sont tachés de poussière et de boue. Les chaussures du garçon semblent élimées. Les deux adolescents m'observent, inquiets. Ils comprennent que je les ai repérés et que leur allure m'interpelle. Je m'avance vers eux. Je dois traverser la rue... A ma vue, ils se lèvent brutalement du banc sur lequel ils se reposaient. Ils marchent d'un pas rapide et s'engagent dans une rue voisine. Je les appelle, les invite à m'attendre. Il s'arrêtent, se tournent vers moi sans mot dire, sans réserve. Je me veux rassurant : ils sont jeunes c'est indéniable. Ils sont seuls, perdus dans le cœur de la capitale, livrés à eux-mêmes. Ont-ils une carte d'identité à me présenter ? *Non*. Une adresse à Paris ? *Non*. Des parents ? Silence.

Ils sont en fugue, c'est évident. Je les conduis au poste des Grandes-Carrières. Ils semblent soulagés. Au poste, les langues se délient. Le jeune homme a 15 ans ; il vient d'Ajaccio : il s'est clandestinement embarqué sur un ferry-boat deux jours plus tôt. Débarqué à Marseille, il a fait du stop toute la nuit et est arrivé à Paris ce matin, très tôt. Il a faim. Il est épuisé. Un collègue lui offre quelques biscuits. Mis en confiance, l'adolescent ajoute qu'il est en fugue : il a quitté la maison de ses parents depuis déjà trois semaines. Il a erré longtemps dans Ajaccio. Puis il se tait... Il estime probablement en avoir assez dit. Ce qui est d'ailleurs vrai. La jeune fille, quant à elle, avoue s'être enfuie d'un centre d'hébergement de Versailles depuis quelques jours. Elle ne supportait plus d'être considérée comme un numéro parmi d'autres ; elle tente de rejoindre sa famille, à Lille... Les deux adolescents sont transférés à la brigade des mineurs. Ils seront ramenés à leurs parents rapidement. Quoiqu'il ne soit pas certain que le petit Corse ait été raccompagné chez lui aux frais du contribuable...

Sang-froid

Novembre 1974. Un après-midi. Je suis de service devant le célèbre magasin Tati, boulevard Barbès. Beaucoup de circulation à cette heure là : automobilistes, taxis... De nombreux badauds. Sur le trottoir un camelot crie à qui veut bien l'entendre les vertus des broutilles qu'il veut vendre au rabais. Il n'a aucune autorisation de commercer à cet endroit : je le prie de quitter les lieux rapidement sous peine d'être conduit au poste de police. Il s'excuse et entreprend de ranger son matériel. Confiant, je le salue et passe mon chemin.

16h30. Les portes des écoles sont grandes ouvertes. La rumeur gronde : des centaines de petits écoliers quittent les salles de classe et déferlent sur les trottoirs. Je descends dans les couloirs du métro : la foule est de plus en plus dense à cette heure d'affluence. Tout à coup, j'aperçois le camelot auquel j'avais eu affaire plus tôt : il m'aperçoit et s'enfuit à toutes jambes dans une galerie. Le coquin ! Malgré ma mise en demeure, il s'est installé ailleurs ! Je me lance alors à sa poursuite avant de parvenir à sa hauteur. Je le saisis. Il résiste violemment. N'ayant d'autres choix, je le maintiens de force. Il crie, se débat, ameute des passants interloqués. Soudain, une bande d'une vingtaine d'hommes et de femmes apparaît : ils semblent bien décidé à venir en aide au camelot ! Et je suis seul ! Le groupe m'encercle. Deux d'entre eux m'accolent solidement contre le mur. Résigné, je ne lâche pas pour autant mon camelot ! Mais mes agresseurs s'énervent : ils m'ordonnent de lâcher leur ami. Je refuse. Je tiens bon dans l'espoir que des collègues puissent passer et venir à mon secours. Je refuse encore. Les menaces se font de plus en plus sévères. C'est alors que deux femmes émergent du groupe. L'une d'elles est dans une rage folle : elle aboie et m'ordonne de lâcher son mari. Je refuse toujours. Sa rage est décuplée : elle se jette sur moi, me frappe de toutes ses forces. Le camelot me mord à la main jusqu'au sang. Saisi par l'intensité de la douleur, je lâche prise. Sa femme s'acharne toujours sur moi me délivrant des coups de pied de plus en plus violents. Je tente de m'extirper de ce guet-apens ... *Que faire ?* Je ne vois plus de moyens de me sortir de ce piège... Deux collègues passent enfin et se précipitent à mon secours ! Affolée, la bande se disperse comme une nuée de moineaux. Je trouve quelques forces pour retenir la furie qui m'avait frappé de si bon cœur. L'un de mes collègues saisit le bras d'une seconde femme qui ne s'était pas privée de m'asséner plusieurs coups de pied. Les deux femmes sont immobilisées : elles hurlent des insanités, promettent de porter plainte contre nous. *Quel comble !* Nous les conduisons au commissariat. Sur ordre du commissaire, deux collègues m'accompagnent à l'hôpital de la maison de santé des gardiens de la paix. La morsure est pansée et les contusions passeront d'elles-mêmes. Finalement, les deux femmes seront mises à disposition pour « outrage, rébellion, coups et blessures à agent de la force publique ».

Janvier 1975. Je quitte l'école dont j'ai la charge, avenue de Clignancourt. Chemin faisant, je remarque un véhicule de marque Simca : cette voiture semble arriver de Saint-Ouen et se diriger vers le boulevard d'Ornano, mais je suis surpris par son aspect : la partie supérieure du pare-brise est recouverte d'un papier adhésif opaque. Cet attribut peu commun m'interpelle ; qui plus est, cette bande masque une partie de la visibilité du conducteur, ce qui peut s'avérer relativement dangereux. Je décide donc d'interpeller le propriétaire du véhicule afin de lui demander quelques explications. Je descends du trottoir et me place sur le bord de la chaussée, face à la voiture : je la désigne et fait signe au conducteur de se ranger sur le côté. La voiture s'avance... Mais, au lieu d'obtempérer, l'individu accélère brusquement et fonce droit devant lui ! Les pneus crissent ! La décision du chauffeur est évidente ! Je me jette d'un bond sur le côté pour éviter d'être renversé. Le véhicule me frôle et poursuit son chemin vers le boulevard d'Ornano. A peine ai-je repris mon souffle et mes esprits que je me précipite vers mon car de ronde, stationné tout près de là. Mes collègues ont vu la scène : aucune explication ne s'impose. Le moteur vrombit déjà... Nous prenons immédiatement la Simca en chasse. Nous brûlons un, puis deux feux rouges ... La Simca est bloquée à un carrefour, rue Ordener... Je bondis hors du car : je me place devant le véhicule, l'arme au poing... « Descendez de votre véhicule, immédiatement ! »... Le conducteur fait la sourde oreille... *Et s'il avait une arme ?* Un collège descend du car à son tour et ouvre la porte de la Simca : contraint, le conducteur accepte de quitter sa place. Au même moment, mon second collègue interpelle la passagère. Au poste, l'individu explique que la Simca est la voiture d'un copain ; qu'il l'a prise sans son accord, car il n'a pas de permis de conduire. Il avoue avoir foncé sur moi pour une raison fort simple : pris de panique, il a voulu éviter le contrôle...

Octobre 1978, 22h. Je conduis le car de ronde. Nous sommes appelés pour un différend familial. La nuit est tombée : le soir est propice aux crises conjugales... Quand Monsieur rentre, exténué, de sa journée à l'usine ou d'avoir dû se vendre d'employeur en employeur pour sortir de cette infâme maladie qu'est le chômage ; quand Madame est usée à force d'avoir briqué ces appartements cossus du VIIe arrondissement qui lui rappellent sans cesse la misère dans laquelle elle est enlisée ou qu'elle est à bout de nerfs à force d'avoir canalisé l'énergie de tous ses enfants toute la journée ; quand le dîner est froid et que les remontrances vont bon train... Avec le crépuscule qui, autrefois, annonçait une nuit passionnelle, amorce désormais le conflit habituel... Ce soir, rue de Boucry, un couple se déchire pour la énième fois. Une intervention banale : un tableau mille fois revisité !

Nous arrivons sur place, résignés. Nous sommes cinq. Deux de mes collègues montent au 6e étage, dans l'intimité d'un foyer en pleine implosion. La rue est étroite : plusieurs voitures mal stationnées empêchent notre passage. Il faut verbaliser. Quant à moi, je garde mon poste au volant du car, comme ma mission m'y oblige. L'air est confiné : j'ouvre la portière. Plusieurs minutes s'écoulent... J'attends ... Tout à coup, un homme apparaît. Il tient un pistolet à la main ! Il le braque sur moi. « Donne-moi ton flingue ou je te bute » Je ne bronche pas. Je tente de garder mon calme. Je ne suis pas rassuré, je ne peux le nier. Mais il faut que je garde mon sang-froid. Je dois gagner du temps pour permettre à mes collègues de revenir et de m'épauler. J'essaie de dissuader cet homme qui semble plus terrorisé que je ne le suis. Il insiste pourtant. Il me menace : « Dépêche-toi de me donner ton flingue sinon je te bute ! ». Du temps, il me faut du temps... Je lui demande la permission de descendre de mon siège pour pouvoir lui donner mon arme. Le ton monte... Je ne vois plus d'alternative... Il s'impatiente, tremble : il va falloir que je cède... Je m'apprête à lui obéir... J'ôte discrètement le chargeur... Tout à coup, mes collègues arrivent : l'agresseur, surpris, cache son arme sous sa veste. Ce bref instant d'inattention de sa part me permet de saisir son bras droit et de le retourner dans son dos... L'arme tombe au sol. Mes collègues ceinturent l'homme...

Quelques jours plus tard la presse nous rendait hommage. L'homme tenait un revolver à la main : « Donne-moi ton flingue ou je te bute ! » Ni le policier qu'il visait ni ses collègues qui survinrent derrière lui ne bronchèrent. D'autres à leur place auraient peut-être dégainé : « Légitime défense ». Mais quoi, se dirent ceux-là, est-ce qu'on tire sur un chômeur au désespoir ? Alors ils parlèrent.

Des mois sans travail. Cinq exactement. A quarante-cinq ans. La honte. Le sentiment d'inutilité. Allez savoir pourquoi. Michel L. souffrait doublement d'avoir perdu son emploi et de devoir vivre sur la paye de sa femme. Un salaire d'employée coiffeuse, ça ne va pas loin quand on est trois.

L'enfant du couple, une fille, assistait sans rien pouvoir faire à la dégradation des relations du ménage. Car l'homme se mit à battre sa femme : quand la honte est trop forte, il est plus difficile de l'affronter que de trouver un bouc émissaire.

Un soir de la semaine dernière, la scène fut particulièrement atroce. Injures et coups pleuvaient dru sans que rien puisse les arrêter. Déchirée, l'adolescente appela police secours. Quand les agents étaient arrivés, le père avait fui le petit appartement de la rue Boucry, dans le 18ème arrondissement de Paris. Il était en bas, l'arme au poing. Il en menaça les hommes en uniforme.

A force de palabres, Michel L. est inculpé. Espérons qu'il ne sera pas sévèrement condamné. Mais quand il eut recouvré son calme, il tint à remercier ceux qui évitèrent que dégénère le drame. Qui avaient fait leur travail tout simplement[3] ».

Scènes de la misère ordinaire ...

Tout gardien de la paix doit non seulement faire preuve de sang-froid mais aussi d'une véritable rapidité d'analyse et d'action. Il faut savoir être sur le qui vive à tout instant, ne jamais relâcher son attention. Une seconde de distraction et c'est une vie qui peut être mise en danger, la mienne ou celle d'un innocent.

Juin 1981 : je suis de service de planton devant le poste. Il est 17h. La circulation est excessivement dense à cette heure de sortie des écoles. Un taxi s'arrête sur la chaussée, face à moi. Le chauffeur abaisse sa vitre. Il semble énervé. « Monsieur ! Le gars qui me suit n'arrête pas de faire des infractions. Il m'a coincé plusieurs fois contre des voitures en stationnement. Il m'a aussi menacé ». Je rassure le chauffeur de taxi et quitte mon poste pour interpeller le conducteur du véhicule incriminé. Je demande à l'individu de descendre sa vitre. Il refuse d'obtempérer. Je lui demande alors d'ouvrir sa portière : il refuse. J'ouvre alors moi-même la portière. Le conducteur est agacé. Alors je me rends compte que le vide-poche de la portière contient une arme à feu. Mon sang ne fait qu'un tour : je dois assurer ma sécurité mais aussi celle des passants ! Je saisis l'arme de la main gauche pendant que, de la main droite, j'extirpe l'homme de son véhicule. J'appelle des renforts : l'individu est immédiatement accompagné au poste. Dès que l'homme est pris en charge, je fais un bref tour du véhicule. Sous le siège avant, je découvre une chignole à piles entourée de mousse et de

---

[3] « Sang froid », *L'Humanité*, 24 octobre 1978.

chatterton. *Du matériel de cambriolage...* Je retourne au poste, rejoins le suspect et le ramène dehors afin qu'il ouvre le coffre de sa voiture. A l'intérieur, tout un lot de matériel de professionnel : un pied-de-biche, un burin, un marteau, une matraque, une canne munie d'une pointe en acier, six paires de chaussures neuves de différentes pointures... Aux archives, on me signale que l'individu interpellé fait l'objet d'une fiche de recherche pour vol. *Quel heureux hasard !*

De tout, de rien...

Beaucoup d'affaires cocasses aussi pendant ces quinze années.

1970. Un grand restaurant de la butte Montmartre. Nous sommes appelés pour secourir un serveur coincé dans le monte-plats ! La même année, je suis désigné pour une drôle de mission : la « répression des chiens ». Accompagné d'un maître-chien de la brigade canine, je dois distribuer six procès-verbaux pour des chiens non tenus en laisse ou faisant leurs besoins sur le trottoir !

Parmi les affaires diverses, il y a aussi de très nombreux accidents de la voie publique. L'un d'entre eux m'a particulièrement marqué. Mai 1979. De service devant une école, je suis témoin d'un accident : le feu vient de passer au rouge quand une Peugeot 304 traverse le carrefour à vive allure. Tout va très vite... Le véhicule freine, freine... mais la vitesse excessive ne pardonne pas : il frappe le piéton engagé sur le passage clouté de plein fouet. Défaut de respect de signalisation. Le piéton est projeté à quinze mètres, sous un véhicule en stationnement. J'appelle immédiatement le car de police secours. L'homme reçoit très rapidement les premiers soins : c'est une personne handicapée. Le chauffard est guadeloupéen ; son Alcootest est positif. Tout contribue à ce que les badauds, témoins de l'accident, se déchaînent : c'est à qui trouvera l'insulte la plus injurieuse à l'égard du chauffeur. Transportés par une haine raciale, ils crient au lynchage... Nous devons intervenir avec vigueur pour protéger l'automobiliste. La couleur de peau du chauffard décuple la colère des témoins et de ceux qui n'ont rien vu...

Surveillance des stades, présence aux inaugurations officielles, assistance aux contrôleurs de la RATP menacés par des voyageurs en infraction, à des femmes âgées agressées, à des prostituées aux prises avec un patron de bistrot...

Les prostituées ! Quel public touchant. Dans le XVIIIe arrondissement, je fais la rencontre de la prostituée préférée d'un présentateur vedette du journal télévisé des années soixante ! Une toute petite femme, laide, aux cheveux filasses et aux dents cariées : elle déballe fièrement, à qui veut bien l'entendre, le nom de son illustre client ; elle décrit avec moult détails les fellations qu'elle lui vend de bon cœur ! Mythe ou réalité, allez savoir ! Que dire encore du décès si soudain du cardinal Daniélou, rue Coustou, en 1975 : on trouve son corps chez une prostituée parisienne. L'Église catholique explique alors que le cardinal visitait fréquemment les malades et les prostituées. A trois heures du matin ! Vraiment, le cardinal ne lésinait pas sur les heures supplémentaires ! Le communiqué officiel ajoute, non sans humour, que c'est « dans l'*épectase* de l'apôtre qu'il est allé à la rencontre du Dieu Vivant », employant ainsi un terme théologique désignant l'effort de l'âme vers la sainteté. Le *Canard enchaîné*, peu convaincu par cette explication officielle, plaisantera sur le mot, lui donnant ainsi la signification de « mort durant l'orgasme » qu'il n'avait en rien au départ, mais seule acception aujourd'hui retenue par Le Petit Robert !

Si les anecdotes autour des prostituées laissent la plupart du temps à sourire, en revanche l'aspect le plus terrible du métier de policier réside certainement dans la confrontation avec la mort qui peut se présenter à n'importe quel instant. Une intervention pour une personne ne répondant plus aux appels, pour un accident corporel ou un suicide est toujours susceptible d'impliquer la prise en charge d'une victime décédée. En partant en patrouille sur ce type de missions, il faut être préparé à affronter le pire.

Une femme âgée ne répond plus aux appels depuis trois ou quatre jours. A peine entrés dans l'appartement, nous comprenons qu'elle a été victime d'une chute. Cela date d'au moins trois jours. Elle gît au milieu de ses excréments : une odeur pestilentielle sature l'atmosphère de la pièce. Autre soir : nous sommes appelés porte d'Aubervilliers pour une odeur de « gaz ». L'odeur de la mort. Déjà, en montant la cage d'escalier, nous savons à quoi nous attendre. Les pompiers défoncent la porte de l'appartement. La télé résonne. Une vieille femme est affalée sur le sol. Son chien, qui n'a probablement pas été nourri depuis plusieurs jours, a commencé à la manger : il a dévoré les pommettes ; l'un des yeux de la pauvre femme pend sur le côté du visage...

Butte Montmartre : la même odeur de gaz. Les pompiers ouvrent la porte : une émanation épouvantable s'échappe de l'appartement. L'un de mes collègues se précipite et ouvre une fenêtre : *il faut aérer, c'est intenable !* Nous visitons l'appartement. Dans la chambre, une vision d'horreur : les restes d'une femme âgée allongée sur le lit. Les couvertures ont été repoussées. Le bas du corps est dénudé ; les jambes écartées. *Elle doit être là depuis des jours, des semaines !* De son sexe, de ses yeux, de sa bouche sortent des dizaines d'asticots grouillants. Je suis écœuré. *Comment peut-on faire ce métier ?* Ce cadavre est intransportable en l'état : les services de l'institut médico-légal interviennent rapidement pour disposer une sorte de gélifiant et l'embaumer.

Porte de Clignancourt. Un voisin se plaint d'une forte odeur de gaz. Sur le palier coule un étrange liquide. Nous enfonçons la porte. Un bruit sourd et sec se fait entendre : nous venons de heurter le cadavre d'un homme pendu dans le hall d'entrée. Le choc a déséquilibré le corps ; la cordelette a lâché : le cadavre, pendu depuis plusieurs jours, gonflé de gaz, a littéralement explosé en percutant le sol ! Des restes humains, des asticots, des mouches sont répandus partout... la puanteur... Policiers, voisins, pompiers, surpris par cette vision d'horreur, nous fuyons tous vers l'étage inférieur. Et cette artiste des années trente, morte chez elle depuis plusieurs jours dans l'anonymat le plus complet. Elle avait transformé son deux pièces de la butte Montmartre en véritable déchetterie : deux pièces remplies d'immondices et d'ordures ménagères ! A peine croyable !

A force d'intervenir sur des cas de suicides, on devient psychologue voire sociologue. J'ai ainsi vite remarqué que les femmes qui se donnent la mort se dévêtissent systématiquement. Comment expliquer cela ? Pure provocation ? Illustration d'un conflit avec son corps ? Rejet de la pudeur frustratrice inculquée aux femmes par le pouvoir de l'Église et de la société ? Les femmes privilégient généralement les barbituriques ou le gaz, parfois la pendaison, mais jamais l'arme à feu. Les hommes se suicident davantage par pendaison, arme à feu ou en se jetant par la fenêtre... un moyen violent qui impose de n'avoir aucune chance de survie. D'autre part, les suicides des vieillards illustrent la solitude des gens âgés dans les grandes métropoles. L'absence de la famille et de services sociaux efficaces induisent l'existence de situations indignes d'une civilisation moderne.

Ces scènes constituent un autre aspect non seulement du métier de policier, mais simplement de la vie elle-même. La confrontation avec la mort, mort à l'état brut sans aucune enjolivure, exige d'un policier qu'il soit bien dans sa tête. On comprend alors parfaitement que certains gardiens de la paix, face à de telles interventions, sombrent dans la dépression ou recourent à l'irrémédiable... Certains de mes collègues, trop choqués par de telles scènes, refusaient d'être envoyés sur des cas similaires : cela était au-delà de leurs forces. Ces exemples restent anecdotiques, mais être confronté à un cadavre ne laisse évidemment pas de marbre. L'odeur de la mort affecte particulièrement. Après une intervention avec décès, l'uniforme sent le mort. Nous ramenons l'odeur chez nous, dans notre intimité familiale : l'administration ne finance pas le nettoyage de l'uniforme ! A nous de lessiver les taches de sang et les odeurs de mort !

Chapitre 4

Affaires médiatiques

Le hold-up de Barbès

En vacances sur l'île de Bréhat, au début du mois de septembre 1974. Le 3 septembre, une information retransmise à la radio me sort de la torpeur estivale : un hold-up a eu lieu dans une banque du boulevard Barbès. Une fusillade a éclaté. Le bilan est lourd : un policier tué, un second grièvement blessé, deux gangsters abattus et un troisième arrêté, deux employés de la banque et un passant blessés.

Je profite de mon statut syndical pour avoir plus d'informations : le policier tué, Charles Palmisano, est un collègue avec lequel je travaille souvent et que j'apprécie beaucoup. Je suis choqué.

Mais que s'est-il donc passé ?

Le hold-up s'est déroulé de façon très particulière. Ce 3 septembre, vers 14h30, le gardien de la paix affecté à la surveillance du carrefour Barbès-Ordener, est informé – par un homme affolé – qu'un braquage a lieu dans une banque située quatre-vingts mètres plus loin. Il se rend alors à l'avertisseur sonore pour aviser le central. Rapidement, les forces de police arrivent sur les lieux : un car accède au site par la rue Marcadet, un second par la rue Ordener. Il s'agit de prendre les malfaiteurs en tenailles. Le car police secours arrive en premier. Il se place devant la banque alors que les gangsters sont toujours à l'intérieur. Palmisano, muni d'un pistolet-mitrailleur, se positionne près du car, devant une porte en verre située à gauche de l'entrée de la banque. Personne ne connaît la configuration du bâtiment. Personne ne sait encore que la banque a un couloir de sortie qui débouche sur la fameuse porte en verre devant laquelle se tient Palmisano.

Un gangster, pour fuir la police, emprunte cette voie. Arrivé devant la porte, il perçoit, au travers du verre, la silhouette de Palmisano. Il tire sans sommation, au travers de la porte fermée. Après avoir libéré une volée de cartouches, il sort en trombe. Il tire encore, se protégeant ainsi derrière son arme. Les policiers placés là sont surpris ; ils ne peuvent réagir à temps. Palmisano s'écroule sur le sol, tué d'une balle dans la tête. Les forces de l'ordre ripostent : elles ouvrent le feu à leur tour. Le chef du car police secours reçoit une balle dans un poumon, une autre dans le ventre. Les gangsters sont paniqués. Tous les moyens sont bons pour tenter de fuir. Ils courent à toutes jambes. Quelques policiers sont sur leurs talons. On tire. L'un des braqueurs est abattu au coin du carrefour Barbès-Ordener. Quelques secondes plus tard, un deuxième est appréhendé dans le couloir de l'immeuble voisin. Le dernier réussit à s'enfuir, emmenant avec lui deux otages – deux employés de la banque – dans une estafette arrêtée brutalement.

Le véhicule est immédiatement pris en chasse par un car de police. L'estafette est rattrapée boulevard Ney, porte de la Chapelle. La version officielle raconte alors qu'en voyant les policiers, le gangster ouvre le feu dans leur direction. Les gardiens ripostent : l'individu est tué après que son véhicule a heurté un panneau de signalisation. Les deux otages et un jeune stagiaire sont blessés. Dans la fusillade, plusieurs vitrines du boulevard Barbès ont volé en éclats. Heureusement aucun passant n'est touché. A 15h, tout est terminé. On transporte les blessés à l'hôpital ; on procède aux relevés d'usage. Dans les heures qui suivent, au quai des Orfèvres, on établit l'identité des malfaiteurs : de jeunes gens qualifiés de « petits voyous de banlieue » selon les spécialistes de la lutte contre le gangstérisme. Sans envergure peut-être, mais cette fois-ci, ils avaient bel et bien décidé de passer à l'échelon supérieur.

Voilà la version officielle.

Mais la réalité racontée par des collègues présents est quelque peu différente. Oui l'un des gangsters a bien été abattu sur un trottoir. Oui, un second braqueur fut appréhendé. Oui, le troisième réussit à s'enfuir à bord d'une estafette et fut poursuivit par un car de police. Jusque-là tout concorde. Mais la suite montre quelques zones d'ombre étonnantes qui n'ont jamais été élucidées à ce jour. Le seront-elles un jour ?

Dans le car de police poursuivant l'estafette se trouvait une équipe dirigée par un brigadier. Cet homme se confia à moi quelque temps plus tard : il avait besoin de libérer sa conscience ; il voulait me révéler les circonstances exactes de la mort du troisième malfaiteur. Et ce brigadier me rapporta une version très différente de la version officielle.

Ce jour-là, un brigadier de service en « civil » se trouvant sur les lieux est monté de sa propre initiative dans le car. Ce policier était surnommé « Tac-Tac ». Il était bien connu pour ses propos racistes et antisémites. Lorsqu'il parlait des Maghrébins, il parlait de « bougnoules », de « rats » et de « crouilles »... Il ne revendiquait qu'une seule méthode pour « éradiquer cette race » : « tac-tac » en mimant un tir de mitraillette. Il préconisait librement des méthodes radicales, ne subissant aucune remarque d'une hiérarchie complaisante.

Lors de la fameuse poursuite, « Tac-Tac » a tiré sur le véhicule poursuivi par la porte latérale du car. A cet instant précis, le brigadier ne semble pas faire grand cas des otages et des piétons présents aux alentours. Pourtant un policier n'a le droit de sortir son arme qu'en cas de légitime défense et après s'être assuré qu'il ne met en danger la vie d'aucun innocent. On est ici très loin de ce cas de figure.

Une balle pénètre par la lunette arrière de l'estafette pour venir se loger dans la nuque du gangster. Celui-ci perd le contrôle de son véhicule qui heurte un arbre. La course s'arrête net. Le car de police arrive aussitôt sur les lieux de l'accident. L'un des policiers de l'équipe et « Tac-Tac » se précipitent : le braqueur est vivant ; il lève les bras en signe de réédition. Là, d'après les dires de ce gradé, les choses tournent autrement : les deux policiers se font justice en vidant leurs chargeurs, à bout portant, sur le malfaiteur. Si l'on trouve dans cette manière de procéder quelques ressemblances avec la légitime défense, on est, à coup sûr, des as de la manipulation.

Je ne crois pas que le brigadier qui m'a raconté cette scène cherchait à me tromper ou à me piéger : les remords le hantaient ; il avait besoin de soulager sa conscience. Et si ce récit est la stricte vérité, compte tenu de l'émotion qu'avait suscitée la mort de Palmisano, aucun collègue ne s'en serait offusqué. L'esprit de corps, la passion, la rapidité de l'action se posaient alors en circonstances atténuantes : l'un des nôtres venait d'être assassiné ; la mort de ce braqueur était donc justifiée. Bien sûr, à froid, on sait que le droit a été bafoué. Mais d'autres policiers, dans les mêmes circonstances, n'auraient-ils pas eux aussi réagi de cette façon ? Maintenant, si j'avais participé à cette poursuite, quel aurait été mon propre comportement ? Je peux facilement me montrer moralisateur, mais n'aurais-je pas été moi-même emporté par la passion ? Je l'ignore. Je ne sais qu'une chose : si j'avais agi ainsi, toute ma vie, j'aurais été empreint d'une culpabilité insupportable. J'aimais beaucoup Palmisano, un gars charmant. J'aurais peut-être été capable de tirer sur l'estafette mais de là à exécuter le gars ... Aucune enquête officielle ne fut rendue publique. Si d'aventure la version que m'a rapportée ce gradé était la stricte réalité, comment la préfecture de police, la justice, le ministre de l'Intérieur et, par-delà le gouvernement, auraient-ils pu éviter un scandale en rendant publique une telle information ? Mais ici, on ne parle plus du droit à la vérité, quelle qu'elle soit. Ni même du droit tout court. Un braqueur n'est plus un homme, mais un gangster. A l'époque, pour en savoir plus, j'ai tenté de questionner les gardiens présents dans le car ce jour-là : aucun ne voulut s'exprimer. Tous me dirent : « Ne me parle pas de ça ! » Après réflexion, je crois que la version de mon témoin n'est pas impossible...

Que devint ce policier ? Je n'en sais rien. J'appris simplement, que, quelque temps plus tard, assurant une mission de transport de fonds, il se trouva confronté à un autre braquage de banque. Une voiture attendait les braqueurs devant la porte de la banque. Mon collègue comprit rapidement la situation : il eut le courage d'aller arrêter le chauffeur du véhicule. Les braqueurs quant à eux réussirent à prendre la fuite. Questionné par les services compétents, l'homme interpellé dévoila plusieurs détails intéressants : l'un des malfaiteurs était vraisemblablement le célèbre Mesrine. Suite à une affaire de cette ampleur, mon collègue aurait logiquement dû obtenir des félicitations et une promotion. Mais il n'en fut rien ! Il ne toucha qu'une prime de trente francs émanant de la préfecture, une promotion dérisoire vu l'importance de l'interpellation ! Ce fonctionnaire n'avait pas la bonne carte politique ! Par contre, le gardien de la paix qui avait alerté le commissariat pour le hold-up de la rue Barbès, très connu pour son activité de colleur d'affiches du RPR, avait été nommé brigadier au choix. Une promotion à la tête du client !

Quelles furent les suites du hold-up de Barbès ?

Le brigadier grièvement blessé resta entre la vie et la mort pendant plusieurs semaines. L'administration lui remit une décoration ; il fut nommé officier de paix. Cette promotion n'était généralement accordée qu'à une personne décédée. Il s'en sortit et termina sa carrière dans un service aménagé. Palmisano quant à lui, fut nommé brigadier à titre posthume.

« Tac-Tac » ne fut pas inquiété pour son implication dans la mort du troisième gangster. Huit jours plus tard, il abattit un jeune Maghrébin – auteur supposé d'un vol à la tire –, dans des circonstances surprenantes. Selon la version officielle, le jeune Maghrébin avait posé une veste sur sa main de telle façon qu'on pouvait supposer qu'il y cachait une arme. « Tac-Tac » tira, après avoir sommé le fugitif de se rendre. La presse expliqua que le voleur avait été victime de sa tentative d'intimidation. Mais l'administration étouffa l'affaire. Le quotidien *L'humanité* reprit ce fait divers et s'interrogea alors sur les conditions de travail des gardiens de la paix : « comment se fait-il, questionnait le journal, qu'un policier qui, trois jours plus tôt, avait subi une forte émotion suite à son intervention dans un braquage sanglant, ne bénéficie pas de quelques jours de repos pour se remettre de cette épreuve[4] ? » « Tac-Tac » fut alors muté à Châtenay-Malabry où il tua un autre Maghrébin, auteur d'un braquage dans un bureau de poste. Le jeune homme s'enfuyait : il ne s'agissait absolument pas de légitime défense ! Il l'aurait achevé, à bout portant, alors qu'il gisait, blessé et désarmé, sur un trottoir. Tac-Tac, adhérent d'un syndicat d'extrême droite, ne fut puni que de cinq ans de prison avec sursis. Il dut quitter l'administration policière : il créa une agence de sécurité-gardiennage !

Il ne faut pas oublier qu'à l'époque le ministre de l'Intérieur n'était autre que Michel Poniatowski, celui-là

---

[4] « Un malfaiteur tué pour s'être voulu menaçant. Le policier avait été remis en service malgré un drame récent », *L'Humanité*, lundi 9 septembre 1974.

même qui, dans l'affaire de Broglie, avait fait tout son possible pour que le dossier ne fasse pas trop de vagues. Il est donc pertinent de douter de la version diffusée par son ministère ! Le ministre avait fort à faire dans un contexte où les braquages étaient alors le lot quotidien des Parisiens. En 1974, il se produisait vingt-huit fois plus de hold-up qu'en 1963 ! Pour quelles raisons ? Officiellement, parce que les agences bancaires se multipliaient à une vitesse incroyable et qu'elles n'étaient pas suffisamment sécurisées. Il n'en reste pas moins qu'entre janvier et juillet 1974, en région parisienne, plusieurs braquages sanglants firent onze tués et blessés. Au lendemain du hold-up de Barbès, le ministre affirma sa volonté de développer les « opérations coups de poing ».

Mesrine

Le 20 novembre 1978, de service de permanence devant le poste Dancourt, je remarque un homme : il urine contre un arbre à une quinzaine de mètres. Je demande à être relevé. Je vais interpeller l'homme et le conduis au poste pour les vérifications d'usage. Il fait l'objet d'une fiche de recherche : il a été condamné deux ans plus tôt à trente mois de prison dont quinze avec sursis et à une mise à l'épreuve de trois ans. Il s'est soustrait au contrôle judiciaire et il est activement recherché par la justice. Mais le plus étonnant reste à venir. Pendant que nous procédons aux vérifications, l'individu commence à parler. Nous ne lui avons pourtant posé aucune question. « Je sais que je suis recherché, dit-il. J'ai fait une banque avec Jean-Luc Coupé, le copain de Mesrine. Je suis allé à l'école avec Jean-Luc, nous habitions le même immeuble. Je l'ai rencontré une semaine avant son opération chez le juge, en compagnie de Mesrine, à la porte de Saint-Ouen. Il était en moto, accompagné d'un gars qui pouvait être Mesrine lui-même. J'ajoute que je savais que Jean-Luc cachait Mesrine chez lui ». Surpris mais fort intéressé par ces paroles, nous les consignons et les transmettons au commissaire principal de police.

Un an plus tard, presque jour pour jour, Mesrine est abattu par les services de police, porte de Clignancourt. Mon rapport d'informations a-t-il été un élément clé de l'enquête ? Je n'en sus jamais rien.

« Le 2 novembre 1979, à 15 heures, accompagné de son amie Sylvie Jeanjaquot Mesrine sort du 35-37, rue Belliard, son ultime cache, à Paris XVIIIème. 15 h 15 : la puissante BMW 528 du couple est bloquée par une fourgonnette bleue, bâchée, en plein carrefour, place de Clignancourt. De la plate-forme du camion banalisé, quatre tireurs de l'antigang (la brigade de recherche et d'intervention), ouvrent le feu sur la BMW avec des carabines automatiques Ruger à balles perforantes et un pistolet-mitrailleur Uzi. Le pare- brise est criblé. Vingt et un impacts. Dix-neuf blessures mortelles pour Mesrine. Sa compagne gît, grièvement blessée. 15 h 30. Le préfet de police Christian Bonnet informe le président de la République de la réussite de l'opération. Valéry Giscard d'Estaing était tenu constamment informé du déroulement de la traque. Au cours d'une conférence de presse au ministère de l'Intérieur, Maurice Bouvier, directeur central de la police judiciaire, laisse tomber : « l'hypothèque Mesrine est tombée ». Porte de Clignancourt, les policiers exultent, se congratulent devant le cadavre du truand, face aux objectifs des photographes. La mort quasiment en direct d'une vedette. Chaque société se donne les héros qu'elle mérite... »[5].

La mort de Mesrine fit couler beaucoup d'encre et certains faits restent encore inexpliqués. Ce 2 novembre, je vis Mesrine, mort, dans sa BMW : je fus le témoin direct d'événements jamais rapportés.

2 novembre 1979. Début d'après-midi.
Je suis de service au carrefour de la place Albert Kahn, près de la porte de Clignancourt. Tout à coup, plusieurs déflagrations. Un nuage de fumée à moins de 400 mètres. Des détonations de mitraillette ? Incrédule, je reste figé sur mon point sans savoir quoi faire. Au carrefour, arrive à une allure assez vive un camion de ravitaillement du mess, le restaurant administratif des personnels de la préfecture. Le commissariat se situe à environ trois cents mètres. Je vais m'informer de ce qu'il se passe porte de Clignancourt. On n'en sait pas plus. Je quitte le poste et me rends sur les lieux.

J'arrive porte de Clignancourt. Quinze minutes se sont écoulées depuis les déflagrations. Je découvre une scène de cinéma. La rue est en pleine effervescence : SAMU, camion-laboratoire de la préfecture de police, des policiers en civil, des curieux... Tout cela envahit la chaussée. Au milieu de cette agitation, au centre du carrefour, une voiture type BMW criblée de balles, un homme ensanglanté écroulé sur le volant... La rumeur coure jusqu'à moi : c'est Jacques Mesrine. Il vient d'être « interpellé » après vingt ans de cavale. Je remarque la présence – ô combien surprenante dans de si brefs délais – du député Jean-Pierre Pierre-Bloch. Je m'approche de lui pour le saluer. Il est fier, très fier, trop fier...

---

[5] Extrait de « Affaire Mesrine, suite et fin ? », *L'Humanité*, 30 mars 2000.

« Félicitations ! Un coup magnifique pour la police ! », me dit-il. Je suis étonné. Je lui réponds : « Je ne sais pas si c'est un beau coup pour la police, mais pour moi ça ressemble plus à une exécution qu'à une arrestation ! ».

Je m'approche. Mesrine a été abattu dans sa voiture. Sa compagne, Sylvie Jeanjaquot, qui se trouvait à ses côtés, est grièvement blessée : elle se trouve dans le SAMU.

Mesrine gît, mort, affalé sur le volant, retenu par sa ceinture de sécurité. Aucune autorité ne sécurise l'endroit ; personne ne fait cas du cadavre. Une rumeur court : Mesrine aurait piégé le coffre de sa BMW. Le climat est pesant, presque malsain. *Il faudrait sécuriser la scène pour éviter les tentatives d'approche des journalistes.* Non, on laisse les vautours s'agglutiner autour du cadavre de cet homme : on photographie, on filme, en toute légitimité. Tout n'est que spectacle : on exhibe le cadavre.

Après de longues minutes, les autorités décident enfin de mettre en place une sorte d'organisation : on pose des barrières pour établir un périmètre de sécurité. Mais je remarque qu'aucun relevé, qu'aucune constatation n'est en cours. Le camion du mess, d'où sont *a priori* partis les coups de feu qui ont tué le truand, a depuis longtemps quitté les lieux sans avoir fait l'objet de la moindre constatation.

Interloqué par ce qui me semble être un manque de professionnalisme de la part de l'élite de la police, je m'interroge sur cette « arrestation ». La fusillade, qui a mis fin aux activités de Mesrine, ressemble davantage à une exécution sommaire. Tout à coup des pleurs me sortent de ma réflexion : une jeune fille en larmes se trouve à quelques pas de moi, derrière les barrières. Elle répète inlassablement, à qui veut l'entendre : « Les assassins ! Ils ont tué mon père ». Avec un collègue, nous nous rendons auprès d'elle. Nous lui demandons qui elle est, quelles sont les raisons de son attitude et de ses déclarations. « Je suis Sabrina, la fille de Jacques Mesrine. Vous venez d'assassiner mon père ! » *La fille de Mesrine !* Nous l'invitons à traverser les barrières de protection. Pendant que mon collègue reste avec elle, je vais aviser le commissaire Broussard de sa présence. Le commissaire vient immédiatement à sa rencontre. Sans donner plus d'informations, il la fait monter dans un véhicule de police banalisé.

Vers 17h, le cadavre est enfin pris en charge par le car de police secours. Il faut se rendre à la morgue, quai de la Rapée. En cours de trajet, le chauffeur du car remarque la présence d'une motocyclette : elle suit le car depuis la porte de Clignancourt. Craignant que le motard soit un ami de Mesrine, il est jugé préférable de revenir au commissariat du XVIIIe arrondissement. On décharge la civière où repose Mesrine. On la pose provisoirement par terre, devant les cellules de dégrisement. Plus tard on apprendra que le motard n'était autre qu'un journaliste. Dans notre commissariat, le cadavre du célèbre braqueur suscite l'émoi général. Un collègue court acheter un appareil photo pour immortaliser l'événement. Le corps n'est pas recouvert : il est exposé à la vue de tous tel un trophée.

Me voilà devant la dépouille du célèbre Mesrine, une dépouille absolument méconnaissable au vu des photos que nous connaissions tous... L'un des bras est recourbé derrière sa tête. Je constate l'impact de balles explosives dans sa poitrine. Les dégâts causés par de telles balles sont caractéristiques : elles proviennent certainement de mitraillettes Guzzi, des armes israéliennes. Devant ce cadavre, celui du gangster le plus médiatique de France, je me rends compte que je vis un moment très fort et absolument unique. Puis, en l'espace d'une seconde, je prends conscience de ce qu'il vient véritablement de se produire : l'affaire Mesrine s'achève brusquement ; le dénouement est totalement incohérent.

La fin de Mesrine et la mise en scène de sa mort, l'exhibition du cadavre, une médiatisation tapageuse sont autant de faits qui impliquent une réflexion plus poussée. Mesrine aurait sûrement pu être interpellé autrement, dans d'autres conditions, certainement moins spectaculaires et moins sanglantes. Il est inconcevable d'imaginer que l'élite de la police française ait pu ignorer ses habitudes et les endroits qu'il fréquentait alors qu'elle l'avait parfaitement « logé ». Pourquoi être intervenu de cette façon-là, en pleine rue, au milieu de l'après-midi ? Comme beaucoup d'autres personnes, je partage l'opinion selon laquelle Mesrine aurait été délibérément exécuté. Ce sentiment est fort et partagé. Autre fait déstabilisant : la nuit qui suivit la mort de Mesrine, son appartement, rue Belliard, fut cambriolé. Comment cela a-t-il pu être possible ? Personne n'a donc pensé à faire garder les lieux ? Cela est difficilement concevable de la part du fleuron de la police française. Ce cambriolage augmente le trouble de cette affaire.
La mort de Mesrine laisse un goût d'inachevé. La vérité aurait-elle été cachée au grand public ? Cette mort soudaine arrivait bien à propos : elle venait détourner l'attention des Français de la mort suspecte de Robert Boulin, ministre du Travail, candidat pressenti au poste de Premier ministre, trouvé noyé dans cinquante centimètres d'eau, en plein cœur de la forêt de Rambouillet le 30 octobre – soit deux jours auparavant. A l'époque régnait une atmosphère pesante, conséquence de scandales financiers et de décès inexpliqués. La fin du septennat de Valéry Giscard d'Estaing était marquée par des « affaires » pour la plupart non résolues : l'affaire Boulin certes, mais aussi le « scandale des diamants » que le président avait

reçus en cadeaux lors de visites privées ou officielles qu'il rendait au dictateur Jean Bédel Bokassa, dirigeant de la République Centrafricaine (ces cadeaux, d'une valeur estimée à un million de francs par le *Canard Enchaîné*, pèseront dans la défaite de Valéry Giscard d'Estaing à l'élection de 1981. Mitterrand fera de Giscard d'Estaing le « monsieur chômage », « l'homme du passif », ce qui participera certainement à sa victoire à l'élection présidentielle de 1981) ; l'assassinat de Jean de Broglie, ancien secrétaire d'Etat chargé des Affaires algériennes puis des Affaires étrangères, tué le 24 décembre 1976 ; l'affaire de Vathaire en 1976 ; l'affaire des avions renifleurs, entre 1975 et 1979 ; l'assassinat de Joseph Fontanet, ministre du Travail dans le cabinet de Jacques Chaban-Delmas puis ministre de l'Education nationale dans le gouvernement de Pierre Messmer, assassiné par des inconnus dans sa voiture le 1er février 1980 ; la mort du conseiller Jourgnac, spécialiste de l'Afrique, tué dans un mystérieux accident d'avion ; le décès de Bignon, victime d'un accident de la circulation sur l'autoroute A1 : son véhicule, subitement en panne d'éclairage, fut écrasé par un camion militaire sur la bande d'arrêt d'urgence...

Mesrine aurait-il été délibérément exécuté, en plein jour, au centre d'un carrefour très fréquenté, pour détourner l'attention de la France ? Saurons-nous la vérité un jour sur ce qui ressemble fortement à un guet-apens très bien organisé ? Personnellement, cette affaire m'a permis de réfléchir sur le rôle de la police, qui, dans ce cas précis, aurait agi dans un but probablement politique. L'exécution de Mesrine m'a aussi fait basculer dans le camp des opposants à la peine de mort. Avant cette affaire, comme de nombreuses personnes, j'acceptais que la peine capitale soit appliquée à un assassin multirécidiviste ou à un violeur d'enfants. Or, la mort de Mesrine, qui s'apparente à une exécution sommaire, n'entre pas dans ce schéma.

Certes Mesrine était un gangster de haut vol, auteur de plusieurs meurtres et de multiples braquages, mais tout homme ne mérite-t-il pas d'être jugé équitablement ? Le respect de la vie est une valeur fondamentale. Personne ne peut s'arroger le droit de tuer délibérément un homme. Exécuter un homme dans ces conditions, n'est-ce pas endosser le costume d'un tueur légal protégé ?

Chapitre 5

Vivre « police »

L'administration policière est une institution sociale à elle seule, vivant en vase clos et s'autorégulant. Chaque changement de situation familiale, chaque événement personnel doit être rapporté et justifié. Je dus par exemple présenter la facture de location de véhicule ayant servi à mon déménagement en 1976, transmettre la grosse de mon jugement de divorce la même année, rendre compte du nouvel emploi et du salaire de ma femme après notre installation à Drancy, solliciter l'allocation logement en ayant soin de décrire précisément l'appartement que nous occupions, demander une autorisation pour me rendre à des séances de massage suite à un accident de service, faire une demande de complément familial, etc. L'administration exige de connaître avec exactitude la situation familiale et financière de chaque policier. Le système se situe à la limite de l'inquisition !

Or dans mon cas, faire état de ma situation personnelle commence à s'avérer extrêmement fastidieux : dans les années soixante-dix, ma vie familiale évolue de façon assez singulière ! Micheline et moi sommes mariés depuis sept ans quand un certain malaise s'installe. La même situation se produit dans le couple de Nicole et Joël. En quelques mois, nos deux couples volent en éclats. Finalement, Nicole et moi décidons de commencer une nouvelle vie ensemble.

Je n'ai pas envie de raconter ma vie privée, mais j'y suis régulièrement contraint. On me ressort des circulaires où il est écrit noir sur blanc que tout fonctionnaire de police doit informer son administration de tout événement personnel. En février 1975, il fallut par exemple que je demande l'autorisation de me rendre en URSS pour participer à un voyage touristique organisé conjointement par la Fédération de la police nationale CGT et l'association France-URSS. Ce séjour – en pleine guerre froide ! – n'est pas pour satisfaire ma hiérarchie ! Le lendemain du dépôt de ma demande d'autorisation, je reçois une mise en garde arrivant directement de la Direction de la surveillance du territoire :

« Par note citée en référence, vous avez bien voulu solliciter mon avis sur la suite à donner à la demande d'autorisation de se rendre en URSS, présentée par le gardien GATINEAU en fonction de la police municipale[6].

J'ai l'honneur de vous faire connaître que je n'émets aucune objection à la prise en considération de la requête formulée par ce fonctionnaire.

Toutefois, il me paraît indispensable de mettre en garde le requérant sur les surveillances, tentatives de contact ou provocations dont il pourrait faire l'objet au cours de son séjour en URSS ainsi que sur la prudence et la discrétion qu'il devra observer dans ses conversations privées. D'autre part, il conviendrait qu'à son retour, l'intéressé rende compte de façon détaillée des observations et remarques qu'il aura pu faire durant son voyage. A cette fin, j'ai chargé mes services de prendre contact, après accord des chefs directs de ce fonctionnaire, avec le gardien GATINEAU avant son départ et dès son retour en France.

Le préfet directeur de la surveillance du territoire. »

Je voyage dans un but privé, mais je dois accepter ce document avant mon départ. Le gradé qui me fait signer ce papier est aussi scandalisé que moi ! L'on vérifie si j'ai déposé mon arme et ma carte de police au commissariat avant de partir ! Au retour, je suis invité à raconter mon

---

[6] Ce n'est pas une erreur ! Les imprimés et les feuilles de rapport encore en vigueur plusieurs années après l'étatisation de la Préfecture de Police portent encore tous l'inscription « Police municipale ». Rappelons pourtant que la police municipale devint « nationale » en juillet 1966 !

séjour. Je dis simplement quelques banalités : que les filles soviétiques sont très belles, le pays fort agréable...

En réalité, ce séjour fut extrêmement formateur. Pour le monde occidental, l'URSS représente l'empire du mal et fait l'objet d'une incroyable propagande télévisuelle. En pleine guerre froide, les médias nous renvoient l'image d'une Union soviétique dans laquelle la population meurt de faim, attendant pendant des heures devant une boulangerie pour acheter un quignon de pain. Mais dès que je pose le pied sur le sol soviétique, je comprends combien nous sommes manipulés. A l'aéroport de Leningrad, je suis surpris de croiser bon nombre de personnes bien portantes ! Certes en ville, les mères de famille patientent devant les dépôts de pain. Or, le dimanche matin, en France, n'y a-t-il pas aussi de longues files d'attente devant les boulangeries ? Ce n'est pas pour autant que nous mourons de faim ! Je réalise alors l'ampleur du pouvoir des politiques et des médias, capables de dénaturer voire de truquer la réalité des choses. Qui plus est, il est incohérent que 250 millions de personnes acceptent sans mot dire de vivre sous la contrainte : au bout d'un moment, certains se révoltent ! Je comprends que nos représentations sont erronées : la culture et le mode de vie latin et slave s'avèrent très différents, provoquant des incompréhensions de part et d'autre. Notre jugement est nécessairement influencé par la mentalité occidentale. Il faut bien comprendre qu'en Union soviétique, rien n'est superflu : le but premier est de fabriquer et d'utiliser du matériel économique et fonctionnel. Après la Seconde Guerre mondiale, qui a décimé et détruit le pays, les autorités ont dû reconstruire très rapidement de nombreux immeubles afin de loger des milliers de sans-abri. Il a fallu concevoir des logements pratiques capables d'accueillir de grandes familles.

Du point de vue culturel, je fus impressionné par l'importance du culte du souvenir. Les Soviétiques vouaient une admiration sans bornes à ceux qui ont sacrifié leur vie pour sauver le peuple du joug nazi. Ils n'oubliaient pas que vingt millions des leurs avaient perdu la vie pour libérer l'Europe. Or ces vingt millions de personnes représentent plus que toutes les autres pertes humaines subies par tous les belligérants réunis. A Moscou, l'endroit où l'armée allemande a été arrêtée par l'armée soviétique est devenu un lieu de culte. A Leningrad, le blocus de la ville reste encore dans toutes les mémoires. Le 1er mai, jour de la fête du travail, les monuments aux morts sont couverts de fleurs. Le 9 mai, jour de fête nationale, toute la population célèbre la mémoire collective. Ce culte du souvenir s'étendait aussi à la préservation et à la restauration des merveilles de l'époque des tzars. Les bâtiments, les églises, les œuvres d'arts étaient protégés puisque faisant partie du patrimoine collectif. Le respect du passé était alors une valeur fondamentale en Union soviétique.

Plus tard, après ce premier séjour en Union soviétique, j'aurai encore l'occasion de faire d'autres voyages. Je demanderai l'autorisation à mon administration de me rendre en Tunisie et en Belgique. L'administration policière part du principe qu'il faut toujours savoir où se trouve tout fonctionnaire à tout instant afin de pouvoir le rappeler en cas de nécessité. Un gardien de la paix qui part en vacances avec une caravane (le camping-car n'existait pas dans ces années-là!) doit s'engager par écrit à informer son service de son arrivée sur son lieu de villégiature et fournir des coordonnées afin de pouvoir être contacté dans les plus brefs délais en cas de besoin. Que le téléphone portable est pratique aujourd'hui ! En 1986, je dus solliciter ma direction pour un second séjour en Union soviétique. A cette époque, la gauche était au pouvoir et les méthodes administratives s'étaient quelque peu assouplies : on ne m'obligea pas à réaliser un compte-rendu précis de mon voyage ni à signer le document mentionné plus haut.

Si l'administration policière maintient toujours un contact officiel avec ses fonctionnaires, il n'en reste pas moins que ce qui use davantage la sérénité du policier est le métier lui-même. La fonction de policier est extrêmement exigeante tant du point de vue des contraintes horaires que de la pression morale. Il est vraiment difficile de concilier travail et famille. Au quotidien, les horaires décalés impliquent un rythme qui ne s'accorde pas avec la vie de famille. Combien de soirs suis-je rentré à la maison alors que les enfants dormaient ou ai-je quitté discrètement mon domicile à l'aube ? Souvent, je communiquais avec ma femme et mes enfants par petits billets rapidement griffonnés à la hâte et déposés bien en évidence sur la table de la cuisine ! Rares étaient les repas que nous prenions en tête à tête et encore plus rares ceux que nous pouvions prendre en famille, avec les enfants. Un policier est en service le matin, le soir, le dimanche, les jours fériés, à Noël, aux anniversaires... Il ne fait que croiser son épouse et ses enfants. Seules les vacances marquent une période de répit. Ce n'est pas sans raison que les taux de divorces et de suicides sont si hauts dans le métier de policier ! Beaucoup de femmes supportent très difficilement cette situation.

D'autre part, le métier influence énormément le caractère d'un homme. Tout ce que la société cherche à cacher s'offre à la vue du gardien de la paix : ce que les médias n'osent pas diffuser, le policier le vit au quotidien, qu'il s'agisse de l'affaire la plus banale de la vie courante aux pires atrocités de la communauté. Le policier est en contact continu et direct avec tout ce qui ne va pas dans notre société. Si certains supportent de vivre ainsi, d'autres craquent à un moment ou à un autre. Certains arrivent en retraite usés, voire détruits par leurs années de carrière. Il faut être capable de relativiser les situations. Qui plus est, très peu racontent ce qu'ils voient, ce qu'ils vivent dans leur quotidien. D'un certain point de vue, il est heureux que le policier soit tenu par le secret professionnel ...

Etre policier demande une grande capacité d'adaptation. Or, nous ne bénéficions d'aucun soutien psychologique : chacun doit savoir gérer son stress et son émotivité au quotidien. De façon plus anecdotique, il faut souligner que l'uniforme peut être haï par les uns et très bien considéré par les autres. En ce qui me concerne cet habit n'était autre qu'un « bleu de travail » que je revêtais chaque jour pour mener à bien mon travail. Il est vrai aussi que l'on rencontre parfois des personnes – souvent âgées – qui confient spontanément leurs soucis voire leur vie, rassurées qu'elles sont par l'image de l'uniforme. Ces personnes ont besoin de parler : il faut faire en sorte de ne pas les décevoir. Je n'aurai de cesse d'insister : le métier de gardien de la paix est un métier psychologiquement très exigeant qui demande rigueur, capacité d'adaptation et grande disponibilité.

Durant ces années, ma vie, en dehors du travail et de ma famille, se résume en deux mots : le syndicalisme et le football. J'ai toujours joué au football, excellent moyen d'évacuer les tensions et de garder un contact sympathique avec des copains. J'ai longtemps joué le samedi, en corporatif avec l'équipe de Saint-Gobain et le dimanche dans le club d'Aubervilliers. Sur mes temps de repos, il m'arrivait aussi de rejoindre l'équipe du commissariat du XVIIIe. A partir de 1977, je ne jouais plus le dimanche afin de réserver du temps à ma vie de famille. Mon activité syndicale demandait aussi beaucoup de présence : j'effectuais beaucoup de déplacements en région parisienne et en France. La création du syndicat des

« pervenches » (agents chargés de la surveillance du stationnement payant appelés ainsi par rapport à la couleur de leur uniforme, auparavant appelés les « aubergines » pour la même raison), les démarches administratives, les contacts avec les adhérents nécessitaient aussi un grand investissement personnel.

Chapitre 6

Syndicalisme

Du syndicat autonome à la CGT-Police

J'ai adhéré au syndicat autonome le 14 janvier 1970. J'entrai de plain-pied dans le système « police » : l'adhésion au syndicat autonome et à la mutuelle générale de la police, gérée sans partage par le syndicat autonome, s'imposait d'office. La mutuelle générale s'avérait d'ailleurs être excellente : il paraissait tout à fait prudent d'y adhérer.

Mais, depuis mon entrée dans l'administration, plus pour la sécurité de l'emploi que par réelle vocation, mon idéologie ouvrière ne s'était jamais dissipée. Le lavage de cerveau qu'avaient exercé les instructeurs de l'école de police n'avait eu aucun effet sur moi. Ouvrier, fils d'ouvrier, j'étais bien décidé à protéger mon statut et mes convictions. Adolescent, je respectais et j'éprouvais une vive admiration pour Lénine qui avait su donner du travail au peuple et avait aussi aboli bon nombre de privilèges. Chez nous, la Révolution française a aussi mis fin à de nombreux privilèges, mais essentiellement dans les textes et très peu sur le terrain. L'un de mes collègues disait que les privilèges avaient certes été abolis en 1789, mais que l'on voit toujours autant de carrosses circuler ! Lénine et l'Union soviétique incarnent toujours à mes yeux la défense des ouvriers, des travailleurs et des pauvres gens. Revêtir l'uniforme ne s'associait donc pas au déni de mon identité ouvrière. Je voulais prouver que je pouvais exercer ma profession de policier tout en défendant la cause sociale, et surtout sans devenir un homme de droite : agir avec équité est l'apanage de tout être humain quelle que soit sa position politique. Dans les États occidentaux, la police se définit comme un moyen de protection du capital et du grand capital : elle ne va jamais ou si rarement à l'encontre d'un patron qui ferme une usine et licencie des ouvriers. Dans les faits, quotidiennement, la police accompagne les fermetures d'entreprises, se plaçant résolument du côté des directeurs, contre les ouvriers. Dans son utilisation, la police n'est jamais neutre. Ce parti pris m'a quelquefois posé de vrais cas de conscience.

Exemple : 1970, manifestation contre la guerre du Vietnam.

Ce rassemblement n'ayant pas été autorisé par la préfecture, il s'avère illégal. L'ordre consiste à arrêter toute personne se rendant sur les lieux, afin d'empêcher purement et simplement la manifestation. Dépêché sur les lieux, bardé de tous les attributs du policier anti-manifestants, je croise un jeune homme portant un gros sac à la main. Je l'interpelle et lui demande d'ouvrir son sac : j'y découvre des centaines de tracts contre la guerre au Vietnam. En mon âme et conscience, je ne peux pas l'embarquer ! « T'as du bol d'être tombé sur moi : je suis de tout cœur avec toi ! », lui dis-je impuissant. Eberlué, mais fort de mon soutien, il me demande par quelles rues il peut se rendre à la manifestation.

Si cette histoire avait été rapportée à mes supérieurs, j'aurais certainement été durement sanctionné. Mais, moralement, je ne pouvais pas respecter l'ordre qui m'avait été donné. Je n'ai pas eu le sentiment d'avoir mis la République en danger en laissant passer ce jeune homme. Cette manifestation était entièrement justifiée. La preuve en est que les Américains furent chassés du Vietnam quelques années plus tard comme nous l'avions été d'Indochine avant eux !

Tant que j'adhérais au syndicat autonome, en 1970-1971, rien ne me fut reproché : je faisais partie des gens bien pensants. Jusqu'à ma titularisation, je me tus. Les choses changèrent ensuite : je fis entendre ma voix. Mais cette voix n'était jamais relayée par le syndicat et se perdait inexorablement comme l'écho au fond de la vallée. Gérard Monate, secrétaire général du syndicat autonome, semblait plein de bonne volonté, mais les actions ne suivaient pas. Le meeting de la Mutualité, en 1971, me fit prendre conscience de la timidité du syndicat autonome. Lors de ce meeting, réunissant plusieurs centaines de policiers, un certain nombre de mesures furent évoquées. J'adhérai tout à fait aux idées véhiculées par le tract mis en circulation :

« (...) Les policiers sont mécontents, c'est vrai, mais ils tiennent à faire connaître à l'opinion publique les raisons profondes et réelles de leur mécontentement, pour lever toute équivoque.

(...) ils s'insurgent contre les propos, écrits et affiches, qui tendent à montrer le corps policier comme un repaire d'éléments fascistes ou sadiques et rappellent que, constamment, ils ont affirmé leur loyauté aux institutions de la République et de la démocratie.

Ils se sont opposés sans cesse, et continueront de s'opposer à tous ceux qui, de tout temps, à l'intérieur et à l'extérieur de la police, et quels que soient les horizons politiques, ont tenté de faire de la violence une doctrine policière fondamentale.

(...) En tant que fils, père et époux, les policiers tiennent à la considération de leur famille, de leurs amis et de la population, c'est pourquoi, aujourd'hui ils ont tenu à vous parler et à vous convaincre des difficultés de leur tâche.

(...) La manifestation de ce jour s'adresse donc aussi aux pouvoirs publics, pour les alerter sur l'urgence qu'il y a à résoudre les problèmes en instance, tant sur les carrières, les structures, les salaires, les conditions de travail et les réductions horaires, le recrutement, la formation professionnelle et la promotion sociale.

Enfin, ils tiennent à souligner le rôle social qu'ils tiennent au sein de la nation et qui est trop souvent méconnu.

Services de police secours, protection des écoliers, réglementation de la circulation, lutte anti-criminalité, surveillance de la voie publique et aide immédiate en cas de besoin, secours en cas de calamité publique, lutte contre la délinquance sont en vérité les tâches les plus importantes de la police.

Les policiers se considèrent partie intégrante de la population et veulent que leur présence soit la garantie des libertés publiques et non l'image de la contrainte.

(...)

Paris, le 4 mars 1971 »

Au fil des semaines, des mois, je me rendis compte qu'aucune action n'était mise en place pour mettre en œuvre ces idées. Lors du meeting de la Mutualité, les dirigeants avaient évoqué la possibilité d'une grève pour que nous exprimions nos doléances. Mais après la diffusion du programme, aucune action ne fut concrètement menée.

Déçu, je quittai l'organisation en 1971. Le syndicat autonome avait finalement peu de représentation sur le plan national et peu d'autorité dans les débats sociaux dans la Fonction publique. Par ailleurs, ce syndicat s'avérait-il vraiment autonome ? Le doute m'assaillait ! Certains indices ne trompaient pas : le tract du 4 mars 1971 avait été édité par l'imprimerie du Palais, dans le 4e arrondissement de Paris, adresse de la préfecture de police !

Le tract du 4 mars l'exprimait parfaitement : le policier est avant tout un homme, un mari, un père, un citoyen ; il a des droits et des devoirs au même titre que tout citoyen français. Je réalisai alors qu'un syndicat interprofessionnel m'apporterait un appui plus pertinent. La CGT m'apparut alors comme un moyen terme adéquat.

La première structure nationale de défense des policiers, qui regroupait les représentants d'une cinquantaine de villes, avait été fondée à Lorient en août 1906 sous l'appellation Fédération des sociétés amicales de police de France et des Colonies. En 1924, l'amicale devient le Syndicat national de la police de France et des Colonies. Le droit syndical n'étant alors pas reconnu, sous les pressions gouvernementales, le syndicat est transformé en Fédération des associations de police de France et des Colonies, sous l'égide de la loi 1901. La fédération est dissoute pendant la guerre pour être recréée en 1946. Lors du premier congrès constitutif, en juin 1946, la Fédération nationale des syndicats de police de France et des Colonies adhère à la CGT L'adhésion de policiers à une organisation de classes et de masse apparaissait alors unique au monde. Les liens avec les travailleurs et les fonctionnaires devinrent très forts. Les intérêts communs, au lendemain de la Seconde Guerre mondiale, paraissaient évidents. Face à cette force organisée, le ministre de l'Intérieur, Jules Moch, décida de classer les policiers en catégories spéciales par la loi du 28 septembre 1948 et leur retira le droit de grève. Dès l'application de cette loi, instaurant des statuts spéciaux très restrictifs, la répression contre les militants CGT fut féroce. Mais la CGT-Police s'organisa et devint peu à peu de plus en plus puissante, regroupant en son sein toutes les catégories de personnels. Elle inscrivit son activité syndicale dans une transformation de la société dont la finalité est la société socialiste.

Convaincu par l'idéologie et le dynamisme de cette organisation, j'y adhère dès 1972. D'abord simple membre, j'assume ensuite des postes à responsabilités de plus en plus importants.

Le 21 décembre 1972, mon collègue François et moi-même créons la première section CGT du XVIIIe arrondissement. Je prends la direction de la section. Quelques mois plus tard, j'accepte certaines responsabilités au sein de la fédération : le 5 février 1975, je suis élu secrétaire du syndicat de la région parisienne et responsable de Paris *intra-muros*. Je suis rigoureusement déterminé à assurer ma fonction syndicale tout en veillant à être en cohérence avec mes principes fondamentaux. Je m'engage dans un « service public » dans la droite lignée du fameux article 12 de la Déclaration des droits de l'homme et du citoyen.

A mon premier congrès fédéral, en mai 1976, je suis élu à la commission exécutive fédérale et, en décembre, secrétaire général du syndicat des gradés et gardiens de la paix CGT de Paris. Ces responsabilités me demandent de plus en plus de temps et d'énergie : je suis contraint d'accepter un mandat de semi-permanent. Prenant toujours plus d'ampleur, la fédération est présente, pour la première fois, à la « fête de l'Huma » les 8 et 9 septembre 1979.

Durant les années 80, le syndicat montre un formidable dynamisme et rallie de plus en plus de gardiens de la paix. Ainsi, le 11 mars 1980, ce sont près d'un millier de policiers qui descendent dans la rue à l'appel de la CGT de la région parisienne pour manifester contre la réforme des horaires. Cet événement reste marqué d'une pierre blanche car une charge de police a raflé 57 manifestants – 57 « otages » – qui ont été conduits à l'IGS Pour interrogatoire. Un véritable scandale, une honte...

De dénonciations en actions, nous n'avons de cesse de mettre en évidence les difficultés du métier de policier ainsi que le manque de considération quotidien. Pour preuve, ce nouvel incident dont je témoigne dans *La voix de la police nationale* début 1981 :

« Goldorak.

Il y a quelques mois, par la volonté du pouvoir, la décision était prise de doter la police française de quelques spécimens de véhicules multicolores, équipés d'un nombre impressionnant de gyrophares et d'autant de « pimpons ».

Leur arrivée dans les services a prêté à sourire. Aucune importance, les caprices de quelques hommes politiques rêvant d'une police américanisée étaient comblés. Tant pis si ce genre de matériel tenait plus du gadget que de l'équipement utile. Il a été surnommé « Goldorak ». Tout un programme.

Cela aurait bien été le diable si le 18e arrondissement, déjà pourvu d'un député tout neuf, aux dents longues, responsable des problèmes de la police au sein de l'UDF, n'en n'avait pas été doté. Et ce fut le cas, en effet.

Bah ! Pourquoi pas, après tout, il fallait bien choisir. Mais malencontreusement, à un carrefour, le joujou s'est cassé. L'ire du commissaire, ajoutée à celle du député, a furieusement éclaté. Tel Harpagon, criant sur ses économies perdues : « Ma cassette, ma cassette ! », le commissaire, frisant l'apoplexie, criait : « Ma voiture, ma voiture ! Je vais sanctionner le chauffeur et le chef de bord ! » Que les quatre occupants soient à l'hôpital, deux d'entre eux dans un état sérieux, c'était secondaire. Seul comptait le jouet brisé de ces messieurs.

Il y a belle lurette qu'à la CGT, nous savions que le matériel avait plus de valeur que les hommes.

En conclusion, nous constatons que la considération ne s'offre pas, elle s'acquiert.

La meilleure façon de faire respecter sa dignité, c'est encore la lutte[7] ».

En juin 1981, nous imaginons un nouveau procédé – qui fera des petits dans les années suivantes – afin de toujours mieux diffuser notre message de solidarité : la CGT- Police se dote d'un bus arborant ses couleurs et ses revendications. Ce bus sillonne les routes de la République française pendant plusieurs mois. Tout est bon pour rallier un maximum de gardiens de la paix à notre cause ! Et les idées ne manquent pas.

Pendant toutes ces années, je suis aussi assidu aux congrès. Je participe aux congrès de Valence, Toulouse, Bondy, Le Mans, Blois, Paris... et pour la première fois, j'organise un congrès fédéral à Saint-Brieuc en novembre 1986, deux ans après avoir créé la section syndicale des Côtes-du-Nord, le 11 mai 1984.

Le syndicat des pervenches

L'une de mes grandes fiertés de syndicaliste est d'avoir contribué avec beaucoup de cœur à la création du syndicat CGT du personnel du stationnement payant, autrement dit les « pervenches », qualifiées, dans le jargon administratif, d' « agents de bureau option voie publique » ! Ces jeunes femmes relevaient du personnel de la ville de Paris mais elles étaient gérées par la préfecture de police de Paris. Elles étaient aussi rattachées juridiquement au personnel administratif tout en faisant concrètement partie intégrante du personnel actif travaillant sur la voie publique. Leur situation s'avérait très ambiguë. Le statut de ces 1200

---

[7] *La voix de la Police nationale*, Paris, octobre-novembre-décembre 1980, n° 51, p. 3.

jeunes femmes ne permettait pas de les associer à un syndicat déjà existant. Il fallait nécessairement créer une nouvelle structure.

Début 1979, le responsable de la section CGT des personnels administratifs de la préfecture de police nous informe de la proximité des élections professionnelles et nous fait remarquer que les pervenches vont voter pour la première fois aux commissions administratives paritaires et que la CGT n'est pas organisée dans ce service qui compte – nombre non négligeable – 1227 employés. En conséquence, le syndicat des administratifs craint de perdre la majorité au bénéfice du syndicat autonome. La commission exécutive me demande alors de prendre contact avec elles. Mon collègue Jean Melon et moi-même rédigeons un tract. Quelques jours plus tard, le matin, nous investissons leur local, dans le quartier de Beaubourg, face à l'espace Georges Pompidou, et distribuons notre document. Nous sommes rapidement pris à partie et expulsés par le commissaire responsable du poste. Qu'importe ! Nous diffusons les tracts sur le trottoir, à l'entrée du bâtiment.

Les jeunes femmes s'avèrent très intéressées par les informations que nous leur apportons. Un attroupement se forme, gênant la circulation. Nous revenons ainsi trois ou quatre jours de suite pour faire en sorte que toutes les pervenches prennent connaissance de notre projet syndical. Notre démarche suscite rapidement beaucoup d'intérêt : plusieurs dizaines de pervenches adhèrent au syndicat les semaines suivantes ; une poignée d'entre elles, très motivées, prennent des responsabilités. Aux élections de la CAP[8], les 15 et 16 mai, le tout nouveau syndicat des pervenches réunit 20% des voix et obtient une élue dans le

---

[8] C.A.P.: Commission Administrative Paritaire.

collège des agents de bureau option voie publique (ABOVP). Une vraie bombe ! Très vite, les premières revendications tombent dont la retraite à cinquante-cinq ans. Cette requête est d'ailleurs rapidement satisfaite.

Le 11 octobre, fort de plusieurs dizaines d'adhérentes, se constitue le premier bureau : on place une responsable dans chaque brigade et une autre chez les agents techniques. Le syndicat devient extrêmement dynamique. Les audiences se multiplient. Révision du fonctionnement, repos le samedi, revalorisation des salaires deviennent des chevaux de bataille.

Le 10 mars 1981 : grève des pervenches. Pour la première fois dans l'histoire du stationnement payant, une grève et une manifestation sont déclenchées à l'initiative du syndicat. 500 pervenches descendent dans la rue ! Dire que deux ans plus tôt, ces jeunes femmes ignoraient même qu'elles bénéficiaient de ce droit ! Lors de la scission syndicale de 1947, le syndicat autonome avait vendu le droit de grève au profit d'un statut qui permettait aux policiers de toucher une prime de sujétion spéciale ou prime de risque représentant 20% du salaire. Les policiers actifs perdirent alors leur droit de grève. Or, ce n'était pas le cas pour les pervenches et le personnel administratif.

« Depuis la création du stationnement payant en septembre 1971, la ville de Paris et l'Etat n'ont eu qu'un souci en tête : rentabiliser au maximum les « aubergines » (...), puis les pervenches (...). Jamais les organisations syndicales alors présentes (SGP, CFDT, CFTC) n'ont posé avec force les revendications essentielles. Avec l'arrivée de la CGT en mars 1979, c'est un courant d'air frais qui a traversé les services, les vrais problèmes ont enfin été posés[9] ».

---

[9] *La voix de la Police nationale*, Paris, janvier-février-mars 1981, n°52, p.2.

En mai 1982, la CGT obtient 48% des voix lors des élections paritaires des personnels de surveillance du stationnement. La progression est spectaculaire : la CGT réunit 300 voix et fait un bon de 22,95% ! Le syndicat autonome recule de presque 33% ! Deux représentantes siègent désormais dans la commission. Les pervenches, dirigées par quelques jeunes femmes extrêmement motivées, apprennent à se faire entendre et font preuve d'un dynamisme exceptionnel.

En 1985, elles obtiennent le bénéfice d'une heure d'information syndicale par mois prise sur leur temps de service : une avancée considérable surtout aux vues des entraves posées par l'administration ! Elles dénoncent encore la pression que l'administration exerce sur elles à des fins de « rentabilité » : il leur incombe de distribuer 30 procès-verbaux par jour et par agent. Elles se révoltent contre ce système et montent l'opération « Vérité CGT » pour informer les automobilistes par voie de tracts le 6 décembre 1985. Dans le seul but de renforcer encore leur action, elles mènent une grève des PV le 18 mai 1987. Dans un premier temps, elles diminuent l'activité contraventionnelle de plus de 50%. En juin, le mouvement s'amplifie : il n'est relevé aucun PV au stationnement payant ; seul le stationnement très gênant est sanctionné. Elles dénoncent ainsi les énormes bénéfices que dégage la ville de Paris chaque année tout en continuant de payer les pervenches au rabais. Le 25 mars de l'année suivante, le syndicat CGT-Pervenches organise un rassemblement des personnels devant l'hôtel de ville : 300 salariés se mobilisent pour exprimer leur mécontentement face au mépris des autorités qui, durant des années, ont refusé de satisfaire leurs revendications de statuts, de salaires, de déroulement de carrière, de retraite et de conditions de travail. Cette puissante mobilisation a conduit le maire, Jacques Chirac, à désigner un représentant pour organiser des négociations. L'Etat propose alors l'octroi d'un nouveau statut pour les pervenches. Le combat n'est pas pour autant terminé : l'administration et la ville de Paris tentent d'imposer un projet de réformes allant véritablement à l'encontre des intérêts des personnels en aggravant leurs conditions de travail. La CGT avait engagé la lutte pour proposer de nouvelles revendications telles qu'un temps de service à 33 heures pour tous, la bonification d'un an pour cinq ans passés sur la voie publique, un déroulement de carrière à trois grades... mais l'administration ne l'entend pas de cette oreille. Nouvelle grève des PV En décembre 1988 et le 30 mars 1989 ce sont donc près de 500 manifestantes qui descendent de nouveau dans la rue ! Près de la moitié des personnels ! Le combat prend une ampleur considérable. Les pervenches sont en colère. La presse diffuse le message. La négociation s'engage face à l'intransigeance des personnels qui ne veulent pas céder.

Aux élections paritaires de mai 1989, la CGT remporte 51,15% des voix ! Du jamais vu ! Le syndicat conquiert trois sièges sur quatre. Le résultat est simplement spectaculaire ! Je pourrais remplir des pages pour décrire les actions et les activités des pervenches : la lutte syndicale est un combat permanent. Je suis très fier d'avoir participé avec beaucoup d'énergie à la création de ce syndicat, d'avoir trouvé, avec ces femmes, les mots et les méthodes qui leur ont permis de devenir un élément moteur de notre fédération. Quand je quitterai Paris, en 1983, elles témoigneront de leur sympathie par l'intermédiaire d'une carte très touchante.

Atteintes aux libertés syndicales

Au sein de l'administration policière, il ne fait pas bon être adhérent – et encore moins délégué ! – de la CGT-Police. Dès mon adhésion, je suis constamment l'objet de brimades impensables dans notre société du XXe siècle. Fort de mes opinions et de mes convictions, j'apparais rapidement aux yeux de ma hiérarchie comme la brebis galeuse et l'empêcheur de tourner en rond.

Je suis immédiatement placé sous haute surveillance par ma hiérarchie. Mon officier me convoque et me met en garde contre la CGT : il me conseille fermement de renoncer à mon mandat. On me menace. Je me rends compte qu'en signant mon adhésion à la CGT, je signe le début de mes ennuis et que je mets ma carrière entre parenthèses. Je sais pertinemment que, baignant dans un milieu de droite et d'extrême droite, je serai l'objet de représailles. Mais je suis loin de m'imaginer jusqu'où pourra aller la provocation, la mise en scène, le harcèlement. Malgré tout, mon choix reste définitif : il me faut prouver à tous qu'un bon flic peut aussi être un homme de gauche. Mon franc-parler, mon refus de toute compromission, mes interventions parfois musclées auprès des autorités sont très bien perçus par mes collègues, mais effarouchent toujours davantage ma hiérarchie.

En quelques mois, mon syndicat devient majoritaire : nous devançons le syndicat autonome aux élections professionnelles. Près de 50% du personnel policier adhère à ma section. En réponse à ce succès, l'administration s'évertue à ralentir ma promotion par de multiples brimades : on surveille ma présentation physique ; on me contrôle plus que coutume sur mon point de service ; je suis persécuté pour un malheureux retard... Le 19 janvier 1975, je dois prendre mon service à 12 h. Ma voiture ne démarre pas : je dois prendre le train. De la gare, vers

11h50, je téléphone au poste pour informer de mon retard. A mon arrivée, à 13h40, le brigadier me demande de signer un bulletin de retard : je refuse jugeant que j'avais signalé mon absence en bonne et due forme. Je précise qu'il est de tradition que les gardiens avisant le poste dans de telles conditions bénéficient d'une prise de service retardée. Pour moi, il s'agit là d'une brimade supplémentaire adressée davantage au délégué de la CGT qu'au gardien de la paix. Autre brimade : on m'envoie au contrôle des services pour le « vol » d'une feuille de papier ayant été utilisée pour la copie d'un rapport remis à mon syndicat. Moi mais aussi l'inspecteur chargé du dossier, perdons une journée entière pour ce petit tracas !

En 1977, exaspéré par tant de malveillance et de mauvaise foi de la part de mes supérieurs, je me décide de faire état d'une brimade de plus pour témoigner :

« Concertation en Giscardie.

A en croire nos éminents élus gouvernementaux, la concertation et le pluralisme dans notre société « libérale et avancée » sont plutôt au beau fixe. Tout le monde peut, dit-on, s'exprimer librement, et le cas échéant, ne pas être d'accord avec son interlocuteur. C'est la version officielle du gouvernement. Voyons plutôt ce qu'il se passe dans la réalité.

Le mardi 13 septembre 1977, notre syndicat du SGAP[10] de Paris prenait rendez-vous avec M. le Commissaire Divisionnaire du XVe arrondissement pour l'entretenir du cas d'un jeune stagiaire placé sous son autorité. A l'heure fixée, notre délégation se présente au service. Là, premier coup de canif dans la concertation.

– Je ne recevrai que celui qui m'a téléphoné. Un point c'est tout.

---

[10] Secrétariat pour la gestion et l'administration de la Police.

Après discussion, rien à faire. C'est ça ou rien. L'audience est plutôt mal partie. Enfin, qu'à cela ne tienne, à la C.G.T. nous regardons en premier l'intérêt des camarades. Nous acceptons qu'une seule personne soit reçue. Oh ! Pas pour longtemps, car dans l'esprit de M. le Commissaire Divisionnaire, l'audience était finie avant qu'elle ne commence. Jugez-en :

– Vous venez me voir pour... C'est un bon à rien ; des gars comme lui, nous n'en avons pas besoin chez nous.

– Mais, Monsieur le Commissaire Divisionnaire, il ne s'agit pas de... mais de..., de la brigade de nuit.

– Ça ne fait rien, c'est pareil, je vais faire venir son dossier.

– Quelle note a-t-il, Monsieur ?

– 11.40

– Ce n'est pas si mal pour un stagiaire. Je ne comprends pas que l'on s'obstine à vouloir le retarder dans sa titularisation, alors que ses chefs directs le jugent comme un bon gardien, faisant des efforts pour s'améliorer. Je connais bon nombre de stagiaires titularisés qui ont une note inférieure.

– Je ne veux pas le savoir ! Pour moi, c'est un bon à rien. L'an prochain, il n'aura plus que 8 ; et l'année d'après, 4 !

– Mais patron, pour descendre une note de 3 à 4 points par an – et cela sans punition – il va falloir trouver de sérieux arguments, car il existe tout de même une note de service établissant un barème de notation dans le SGAP de Paris.

– Les arguments, je les trouverai.

– Ou vous les fabriquerez.

– Je n'ai plus à discuter. Sortez immédiatement !

(Fin)

Et voilà, la concertation en Giscardie : durée de l'audience, 4 minutes.

Nous ne pouvons accepter une telle façon de procéder de la part d'un représentant de l'Administration, fût-il commissaire divisionnaire.

La libre expression syndicale dans notre pays n'est pas un leurre. Elle est régie par des textes de loi très précis. Que certains zélés serviteurs de l'Administration ne les apprécient pas, c'est leur droit, mais que cela leur plaise ou non, ils sont tenus, comme tout un chacun, de les respecter.

Quelle que soit la responsabilité, quel que soit le grade que l'on ait, nul n'est au-dessus des lois, n'est-ce pas M. [le commissaire] ?[11] ».

L'une des brimades les plus anecdotiques dont je fus l'objet concerne une simple moustache ! Lors de l'été 1974, en vacances sur l'île de Bréhat, dans les Côtes-du-Nord, j'ai quelque peu délaissé le rasage quotidien. Les vacances terminées, j'ai envie de garder une moustache pour surprendre mes collègues, avec l'idée de la garder une journée et de la raser ensuite. Effectivement, le matin de la reprise, ma moustache fait son petit effet ! Mes collègues s'en amusent. Vient l'appel quotidien. A mon nom, l'officier s'exclame : « M. Gatineau, c'est quoi cette moustache ? » Interloqué, je lui rétorque que le port de la moustache n'est pas interdit. « Demain, cette moustache devra être coupée à la commissure des lèvres », ordonne-t-il. Devant la soixantaine de collègues présents, je réponds à mon tour : « Monsieur l'officier, excusez-moi de vous reprendre mais vous retardez d'un règlement (tous les fonctionnaires présents se mettent à rire) : les moustaches à la commissure des lèvres étaient imposées par l'ancien règlement. Le nouveau règlement dit : « moustaches

---

[11] *La voix de la Police Nationale*, Paris, juillet-août-septembre 1977, n°39, p. 2.

correctement taillées et soigneusement entretenues », ce qui est le cas en ce qui me concerne ». L'appel terminé, je suis immédiatement convoqué dans son bureau. Il exige que je me présente au commissariat le lendemain avec une moustache coupée à la commissure des lèvres. Bien décidé à ne pas céder, je confirme que, le lendemain, ma moustache sera exactement à l'identique. Encore une fois, je résiste ! On m'inflige quotidiennement d'énormes pressions pour que je coupe cette moustache pourtant tout à fait réglementaire ! Je ne cède pas. L'épilogue de cette anecdote a lieu quelques mois plus tard, lorsque ma délégation syndicale est reçue par le préfet Paoli. Le préfet ne peut s'empêcher de me parler de ma moustache :

– M. Gatineau, vous êtes un très bon fonctionnaire, vous faites un excellent travail, mais comment réagiriez-vous si vous étiez un citoyen ayant affaire à un policier portant une moustache pareille lors d'un contrôle ? Ce n'est pas très correct. Ce n'est pas à la hauteur de votre qualité. Coupez-moi ça, faites- moi plaisir !

– Mais M. le Préfet, cette moustache me plaît. Et elle plaît aussi beaucoup à ma femme !

– M. Gatineau, allez, faites-moi plaisir ...

– M. Le Préfet, avec tout le respect que je vous dois, tout de même, à choisir entre ma femme et vous ...

Surpris par ma répartie, le préfet préfère sourire. Plus jamais je n'entendis parler de ma moustache ! Je la gardais définitivement, me promettant de la couper quand je partirai en retraite. Ce qui fut fait non sans mal ! On s'habitue au fil des années !

En juin 1981 – époque des élections législatives post-présidentielles –, je suis ennuyé pour avoir demandé une journée d'exemption de service en vue d'assurer la tenue d'un bureau de vote à Drancy. Assesseur, il est impératif que je sois présent à la fermeture du bureau, à 20h, pour signer le procès-verbal de dépouillement. Je demande donc un congé d'une journée à mon administration, cette situation étant prévue par les textes de lois. Ce congé m'est refusé. J'insiste. Mais on m'empêche ouvertement de faire mon devoir de citoyen ! Il y a soit un non-sens soit une volonté délibérée de nuire. J'en parle à mes camarades de la fédération qui interviennent auprès du ministère de l'Intérieur et expliquent la situation. Au vu des circonstances, très rapidement, le ministère demande à ma hiérarchie d'accepter ma demande de congé exceptionnel. On m'autorise finalement à m'absenter la journée dite, mais on me convoque pour reprendre mon service à 19h, ce qui est bien évidemment impossible ! Le 18 juin, *L'Humanité* dénonce, dans un article virulent titré « Abus de pouvoir », l'attitude des responsables du commissariat qui m'empêchent ouvertement de faire mon devoir de citoyen en allant contre l'autorisation même du ministre de l'Intérieur. Finalement, mise sous pression, ma hiérarchie cède. Cette anecdote me laisse encore un goût amer. Je ne peux que constater l'obstination de l'administration policière d'avoir voulu, coûte que coûte, entraver les droits civiques d'un homme de gauche et d'avoir délibérément été à l'encontre des instructions – pour ne pas dire des ordres – du ministère de l'Intérieur et cela, impunément.

Les injustices et les inégalités dont je suis victime me sont insupportables. Je comprends définitivement que ma carrière n'évoluera pas quand je passe le concours de brigadier. J'y participe trois fois, sans succès ! La première année, n'ayant pas eu le temps de le préparer, je suis logiquement recalé. La seconde année, j'étudie raisonnablement pour me donner davantage de chances de réussite. Second échec. La troisième fois, très motivé, je suis les cours offerts par la préfecture. Le jour de l'examen, j'ai la chance de tomber sur un sujet d'examen que je connais parfaitement : la législation sur les mineurs. Mon devoir me paraît excellent, ce qui ne semble pas être le cas de bon nombre de candidats. Malgré tout, je ne suis pas reçu. Un sentiment d'incompréhension m'envahit. Pour obtenir les raisons de ce nouvel échec, je téléphone au service des concours. Quelques jours plus tard, j'apprends que tous les candidats ont rédigé d'excellents devoirs : il a fallu par conséquent abaisser toutes les notes de deux points pour respecter le *quota* de reçus. Bilan : il me manque un dixième de point pour être retenu !

Jusqu'au 21 décembre 1972, j'avais toujours été très bien noté par mes supérieurs. La tendance s'inverse ensuite rapidement. Je dois demander plusieurs fois la révision de ma note au directeur de la police. Cette révision m'est toujours refusée. Il me faut attendre 1981, que la gauche arrive au pouvoir, pour que l'on m'accorde enfin quelques attentions. Cette année-là, je sollicite pour la énième fois la révision de ma note dans un rapport ferme et argumenté :

« (...) depuis de nombreuses années, 1973 exactement, je fais l'objet d'une répression permanente qui ne veut pas avouer son nom, par l'ensemble de la hiérarchie du 18e arrondissement. Depuis 1973, année où j'ai organisé la 1ère section CGT du 18e arrondissement, mes chefs directs m'ont subitement affublé d'un nombre incalculable de défauts. Pourtant, jusqu'alors, j'étais considéré comme un bon élément, promis à un bel avenir policier. (...) S'il n'a pas été possible de me reprocher mon activité professionnelle et mon sens policier, le nombre d'arrestations auxquelles j'ai procédé en témoigne, malgré mon activité syndicale, alors il a fallu trouver autre chose. La tenue et le comportement, quelle aubaine ! Des affirmations partisanes incontournables sont apparues. Malgré l'acharnement mis par l'administration et la hiérarchie locale à « démolir » le représentant de la CGT, rien n'y fit. Les commissaires et les officiers, fussent-ils de choc, employant des méthodes à la limite de la correctionnelle, n'ont rien changé. J'ai résisté et avec moi mes nombreux camarades.

Avec l'arrivée du nouveau duo au sommet, je veux parler du commissaire et du commandant du XVIIIe arrondissement, mis en place comme par hasard en même temps que le député Jean-Pierre Pierre Bloch était élu à la députation, les méthodes quelque peu usitées par leurs prédécesseurs se sont transformées, au travers d'un semblant de bonhomie, en un combat acharné contre ma personne. Le député allant même jusqu'à prêter main-forte au commissaire en confondant allègrement permanence politique et poste de police, sous le regard bienveillant du commissaire. Le but étant de démolir la CGT que J.P.P. Bloch n'appréciait pas du tout. Il n'a pas été possible encore une fois de me mettre en cause professionnellement. Il a néanmoins été organisé un escamotage systématique de toutes les affaires importantes que j'ai pu traiter. Rapports perdus, félicitations oubliées, etc. Partout où Gatineau était auteur ou participant à une arrestation, l'affaire était édulcorée, quand elle n'était pas purement et simplement classée. Je tiens à ce sujet un dossier complet à la disposition de la commission.

Avec la dernière notation et l'appréciation écrite qui y figure, je tiens à apporter les précisions suivantes qui vont dans le sens des faits ci-dessus expliqués.

Je passe sur la qualité professionnelle. L'on retrouve la tenue vestimentaire, les cheveux, c'est la continuité des méthodes utilisées antérieurement. J'ai la prétention d'être aussi correctement habillé que n'importe quel gardien gradé et même officier quand ils mettent leur tenue d'uniforme. Pour les cheveux, il en est de même. Je sais bien que ma moustache indispose depuis longtemps les responsables de notre administration. Je prétends avoir encore le droit de choisir moi-même la moustache qui me convient.

Pour la sanction due à une négligence, il s'agit d'un avertissement pour le vol de tous mes papiers dans le métro.

Pour ce qui est de l'attitude pour le moins déplacée envers un officier, cela mérite quelques précisions. De quoi s'agit-il en fait ? Le soir du 10 mai 1981 vers 21h00, j'ai eu le plaisir de présenter mes sincères condoléances à monsieur l'OPPS à la suite de l'élection de monsieur François Mitterrand à la présidence de la République. Pourquoi ces condoléances et à cet officier uniquement ? Eh bien tout simplement parce que depuis de nombreux mois cet officier, qui ne cachait pas ses sympathies au pouvoir giscardien, trouvait un malin plaisir à me lancer des réflexions sur mon appartenance syndicale et sur la gauche en général, surtout après des élections partielles où la gauche avait échoué. Au lendemain du premier tour des élections présidentielles, il me présenta lui-même ses condoléances dans le poste central devant mes collègues, ajoutant même que pour lui, les « carottes étaient cuites » pour la gauche.

Venir ensuite me reprocher d'avoir renvoyé la balle à cet officier est pour le moins faire preuve de sectarisme, voire d'ostracisme. A moins de s'imaginer que le gardien de la paix ne peut être qu'un esclave asservi à sa hiérarchie, il est impossible qu'il n'y ait pas eu réplique. Je crois savoir que les privilèges ont été abolis dans notre pays en 1789, comme c'est en France que les droits de l'homme ont vu le jour. Les seigneurs et maîtres n'ont plus pignon sur rue. Ils ne règnent plus sur leur empire. L'homme s'est émancipé. Le respect de la hiérarchie ? Oui, tout à fait d'accord mais au prix de jouer les hommes liges ou les muets du sérail, non.

(...)

Je ne demande qu'une chose : être rétabli dans mes droits. Que l'on me restitue tout ce que l'on m'a volé. Je suis persuadé que la commission, enfin libérée de l'emprise de l'administration, saura juger librement. Le Premier ministre ne disait-il pas en août : « Ce que veulent les Français, c'est plus de liberté, plus de démocratie et surtout retrouver leur dignité ». C'est mon plus grand désir. »

Quelques jours plus tard, le directeur du personnel en personne me téléphone au commissariat pour m'annoncer que l'on m'a octroyé deux points de plus et qu'il est anormal que l'on m'ait traité ainsi, qu'il allait ainsi rétablir la justice (*sic*). Cet appel fait son effet au sein du commissariat : le directeur n'est pas passé par la hiérarchie pour m'annoncer la nouvelle mais a demandé à me parler directement. Le fait d'être responsable syndical m'avait permis de détourner le protocole : je pouvais m'adresser directement aux intéressés, ce que n'apprécièrent absolument pas les potentats.

Cet acharnement me poursuivra jusqu'à la retraite. Ma mutation à Saint-Brieuc, le 1er janvier 1984, ne signifiera pas pour autant la fin des persécutions : elles prendront une autre forme. Si la hiérarchie policière craint toujours mes interventions, il n'en reste pas moins que la moindre occasion de me nuire est saisie. Je ne suis pas naïf : je sais pertinemment que les « conseils » venus de la place Beauvau sont réguliers. Des exemples ? En voilà encore d'autres ! Après l'âge de cinquante ans, tout policier a la possibilité de passer brigadier selon un critère de choix, autrement dit d'ancienneté et de mérite. J'ai eu beau y prétendre, jamais je ne fus nommé brigadier. J'ai même postulé à un poste à... Paris ! Un fait extrêmement rare ! Malgré la pénurie de gradés en Île-de-France, je ne reçus jamais de réponse !

Par-delà l'officier local, il est tout naturel de se questionner : qui a empêché ma nomination ? En septembre 1990, le secrétaire général de la CGT, Pascal Martini, adressera un courrier à Robert Broussard, directeur central des polices urbaines, pour exiger ma nomination au poste d'adjoint de brigade du commissariat. Martini expliquera clairement que je remplis les « meilleures conditions d'ancienneté et de compétences » pour être nommé à ce poste. Il précisera aussi que le fonctionnaire nommé par la hiérarchie locale ne se sentait pas « capable d'assumer les responsabilités » qu'on souhaitait lui donner et que « tous les personnels » demandaient que ce soit moi qui sois affecté à ce poste. Mais « le commandant du corps urbain » ne voulut rien entendre et décida « d'y affecter un gardien arrivé depuis onze mois de la CRS 13 où il était détaché depuis vingt ans à la prévention routière ». C'était « un ordre » ; il fallait « l'exécuter » et « tant pis si le nouvel adjoint ne se sentait pas à la hauteur de la tâche qui lui était confiée ». Or cet « adjoint » ne voulait pas du poste ! Cette brimade de l'administration policière prouvera encore une fois qu'un policier adhérent de la CGT est empêché d'accéder « à toutes les responsabilités en fonction de ses compétences au même titre que ses collègues ». Malgré le soutien de Pascal Martini, je n'obtiendrai jamais ce poste. Plus tard, à cinquante-deux ans, j'aurais pu accéder à l'échelon exceptionnel. On ne me l'accorda qu'à cinquante-trois ans et demi ! Je n'ai jamais obtenu de promotion ni de grade malgré le nombre d'affaires sur lesquelles je suis intervenu quand d'autres, bien pensants ou ayant fait une carrière d'administratifs, seront promus sans même le demander. La ségrégation n'est pas seulement le fruit pourri des dictatures : dans notre belle France « démocratique » contemporaine, nous sommes des milliers à vivre ce phénomène au quotidien.

Même au terme de ma carrière, les humiliations n'auront eu de cesse. Je quitterai définitivement la police le 13 avril 1998 alors que ma retraite effective commence le 2 octobre. Je bénéficierai de cinq mois et demi de congés de récupération pendant lesquels je devrai officiellement rester disponible. Pourtant, ce fameux 13 avril, on me demandera de vider mon placard et de rendre mon arme ! L'administration me persécute jusqu'au bout du bout : afin de faire valoir la totalité de mes droits, il faut que je détaille à mon administration les prestations sociales qu'elle m'a elle-même versées ! Je dois me déplacer à Paris pour réclamer les attestations nécessaires. Là, les employés m'envoient de bureau en bureau, d'étage en étage... me dirigeant sans cesse vers l'un de leurs collègues. Je suis obligé de me fâcher pour que l'on cesse de me prendre pour une girouette ! Enfin, un jeune officier m'écoute : je peux lui expliquer ma situation et lui exprimer ma demande. Il me renvoie dans le premier bureau... Là, on me raconte que les archives – conservées dans un bâtiment annexe, quelque part en région parisienne – sont difficilement accessibles et que retrouver mes fiches de paye et mes attestations d'allocations prendra plusieurs mois... On me recommande de me rendre au SGAP, à Rennes, où l'on pourra probablement m'aider ! A Rennes, on me demande de produire toutes les fiches de paye où figure des versements d'allocations familiales – 12 ans de papiers, soit 144 feuillets ! – pour faire valoir la totalité de mes droits à la retraite et calculer ma pension au plus juste.

Pourquoi cet acharnement ? Sur ordre de qui ? Comment expliquer une telle persécution tout au long de trente ans de carrière ? Même après m'être dégagé de mes responsabilités syndicales, quelques années après mon arrivée à Saint-Brieuc, les brimades n'ont de cesse... Est-ce cela la liberté d'opinion ? Est-ce cela la démocratie ? Est-ce cela le vrai visage de notre chère République française ?

L'affaire Marietti

Un an après les élections de 1981, en juillet 1982, je suis témoin d'une scène qui va être à l'origine d'une complexe histoire politico-judiciaire.

Il est 23h30 ce 29 juillet : mon service prend fin. Dernière journée de travail avant les vacances d'été. Je me prépare à quitter le commissariat quand j'entends l'officier de paix Marietti effectuer l'appel de la brigade de nuit. Devant ses hommes, Marietti commente une circulaire de Gaston Defferre, ministre de l'Intérieur, sur le comportement des policiers face aux étrangers.

La manière de commenter la circulaire ministérielle me fait sursauter. Je connais très peu cet officier : je n'ai entendu à son propos que quelques commentaires de ses subalternes et je n'ai jamais travaillé sous ses ordres. Mais son commentaire me fait bondir. Je me sens obligé de l'interrompre et lui dit qu'il n'est pas autorisé à tenir un tel discours. Mon intervention, aussi soudaine qu'inattendue, met l'officier dans une colère noire. S'ensuit un échange surréaliste devant toute la brigade éberluée. L'incident monte en puissance. Je décide d'y mettre fin et de quitter le poste de police pour ne pas envenimer davantage la situation. En rentrant à mon domicile, chemin faisant, je tente d'analyser l'altercation. Il m'est impossible de ne pas donner suite à cette affaire. Arrivé chez moi, j'informe mon épouse que notre départ en vacances risque d'être ajourné. Je décide de m'octroyer la nuit pour réfléchir à la situation.

Le lendemain, ma décision est prise : puisque le statut du gardien de la paix oblige à rendre compte de tout incident, je dois donner suite à cette altercation. Mais avant d'écrire quoi que ce soit, je préfère aviser verbalement mon commandant et lui demander la marche à suivre en pareille circonstance. Sa réponse est sans ambiguïté : je dois impérativement rendre compte de l'incident. J'établis, dans la foulée, le rapport suivant :

« A M. le Commissaire Divisionnaire de la voie publique.

J'ai l'honneur de vous rendre compte du très vif incident qu'à provoqué le jeudi 29 juillet 1982 à 23h40, Monsieur l'OP Marietti de la brigade de nuit du 18e arrondissement.

En effet, M. l'OPP effectuait l'appel de sa brigade. Je me préparais à partir, mon service terminé, quand j'ai entendu les propos suivants de sa part :

« Lorsque vous faites des interpellations, faites très attention. Evitez d'interpeller des étrangers, surtout des Arabes, car en ce moment ils ont tous les droits. Ils peuvent tout se permettre. Si vous avez un incident avec, même si vous avez raison, vous aurez tort. »

Devant un discours aussi politiquement orienté et en contradiction si manifeste avec toutes les instructions, tant ministérielles que de la direction générale, témoin involontaire mais direct de cette manœuvre sournoise, au titre de mon mandat syndical, je suis immédiatement intervenu en ces termes :

« Monsieur l'officier, vous outrepassez vos prérogatives. Vos propos sont indignes d'un homme de votre rang. Vous n'avez pas le droit de parler ainsi devant toute une brigade. Vos paroles xénophobes et racistes sont prononcées en violation des textes officiels. Vous combattez politiquement les orientations du ministre de l'Intérieur, monsieur Gaston Defferre ».

Il m'a rétorqué :

« Vous n'avez rien à faire ici. Foutez-moi le camp immédiatement. Vous troublez mon appel. D'abord ici tous les gars sont d'accord avec moi ».

Il a demandé alors aux gardiens et gradés d'acquiescer. Aucun n'a répondu. J'ai alors précisé à M. l'OPP qu'en aucun cas, je ne quitterai le poste sous la menace, que mon intervention était celle d'un homme honnête scandalisé aussi bien que celle du secrétaire fédéral indigné par une manœuvre politique aussi basse de sa part, que je ne pouvais tolérer qu'un officier de la police nationale puisse parler ainsi aux hommes qu'il est censé commander et à qui il doit enseigner la courtoisie, l'honnêteté intellectuelle, l'impartialité, la déontologie policière et les directives ministérielles.

M. Marietti, hors de lui, dans un état d'irritation extrême, m'a répondu :

« Ce qui vous fait mal en réalité, c'est que je vais être décoré de l'Ordre national du mérite. L'Administration reconnaît ainsi que je suis l'un des meilleurs officiers de France. Lorsque, le 19 août, je serai décoré dans la cour de la cité, que l'on me remettra le ruban bleu, je penserai à vous. Je penserai que vous êtes un zéro, une nullité, une merde à côté de moi qui suis l'un des meilleurs officiers de mon pays ».

Lui précisant que, justement, s'il était en passe d'être décoré, ses propos n'en étaient que plus honteux, il m'a lancé au comble de l'excitation :

« Vous savez, la politique est un balancier. En ce moment, il est à gauche. Bientôt, très bientôt, plus tôt que vous ne le pensez, il va revenir de l'autre côté, et alors là... »

Vu l'état de fébrilité extrême de l'officier et la direction que prenait la discussion, j'ai alors quitté le poste central 18e non sans avoir salué M. l'OPP Il était 23h55.

Compte-rendu fourni à mon syndicat, qui prendra toutes mesures nécessaires en fonction de la gravité des propos tenus et de l'incident qui suivit. »

Je dépose ce rapport au commissariat le lendemain de l'incident, le 30 juillet. Au poste, je constate alors que le panneau syndical de la CGT est couvert de graffitis. Quelqu'un avait écrit, au crayon rouge : « Coco, ordures, crapules » et a illustré ces propos avec un dessin représentant un marteau et une faucille. Je tape alors un second rapport pour dénoncer l'atteinte délibérée aux droits syndicaux, délit passible de sanctions pénales dans le droit français.

Ayant respecté mes obligations, je peux désormais partir en Bretagne. Je dois m'absenter tout le mois d'août. Mais, un matin, je tombe sur un article de *l'Humanité* reprenant l'incident qui m'avait opposé à Marietti. Comment la presse a-t-elle eu écho de l'incident ? Et pourquoi *L'Humanité* ? Pour anticiper mon action ? L'affaire n'allait donc pas en rester là : elle allait inévitablement prendre une tout autre dimension. Quelques jours plus tard, effectivement, je suis contacté par les gendarmes de Paimpol : on m'intime l'ordre d'appeler l'IGS de toute urgence. Je me présente à la gendarmerie et leur demande d'appeler l'IGS : on refuse, prétextant que téléphoner à Paris coûte cher. Il est hors de question pour moi de payer cette communication ! J'écris à l'IGS pour confirmer la réception du message et exprimer mon refus catégorique de payer une communication téléphonique pour les rappeler. En retour, toujours par l'intermédiaire de la gendarmerie, on me fait savoir que je peux appeler en PCV depuis le bureau de poste local.

J'accepte. Lors de la discussion, le responsable de l'I.G.S. m'explique que suite à l'altercation du 29 juillet, une enquête a été ouverte par la police des polices et que je suis convoqué pour répondre à certaines questions. Je rétorque que je suis en vacances et qu'il est hors de question pour moi de rentrer à Paris, par mes propres moyens, pour répondre à cette convocation. Je demande à ce que l'IGS prenne en charge mon billet de train et indemnise le temps retenu sur mes congés. Ils acceptent finalement mes conditions. Je suis convoqué pour le 11 août à 14 h.

J'arrive à Paris le jour dit. Je dois reprendre le train de retour dans la soirée. A l'IGS, l'entretien est surréaliste ! On me questionne sur des événements qui n'ont rien à voir avec l'altercation, sur des propos que j'aurais tenus quelque temps plus tôt concernant la dissolution du SAC, sur mes relations avec le parti communiste. Toute ma carrière de cégétiste et d'homme de gauche est passée au crible. L'audition dure près de quatre heures. Je dois l'interrompre pour ne pas rater mon train !

Dans le même temps, des articles font état de l'affaire dans la presse nationale. *Minute, Le Figaro, France soir, Le quotidien de Paris, Le matin de Paris, Le Monde, L'Humanité*, mais aussi la radio et la télévision rapportent l'incident avec plus ou moins d'objectivité, travestissant, pour la plupart, la vérité au profit du portait d'un immaculé Marietti traîné dans la boue par un immonde cégétiste.

La veille du 19 août, le ministre de l'Intérieur, Gaston Defferre, décide de surseoir à la décoration de chevalier de l'ordre du mérite de Marietti. De nouveaux articles paraissent, tous s'accordant sur une même version : Marietti est victime d'une « accusation fallacieuse et ignoble ». Selon la presse, le discours tenu ce fameux soir du 29 juillet 1982 n'était en rien raciste et xénophobe. Marietti aurait simplement rappelé ses hommes à l'ordre en confiant : « Nous traversons une période dure. En attendant qu'elle finisse, nous devons rester calmes, ne pas tomber dans le piège de la provocation et n'opérer que dans le cadre de la loi ». La presse m'accuse alors d'avoir transformé ces propos et de porter atteinte à la réputation sans taches d'un officier de vingt ans d'ancienneté, douze fois blessé en service, instigateur de centaines d'arrestations dangereuses et responsable d'aucune bavure.

Je reprends mon service le 1er septembre. Le panneau syndical du commissariat est de nouveau recouvert de graffitis. Le même jour, on me remet deux courriers anonymes qui me sont personnellement adressés. Le premier est une carte postale provenant de Toulon et postée le 18 août. Au dos est inscrit : « C'est la CGT, Gatineau, qui t'apprend à moucharder ». Le texte n'est évidemment pas signé. L'écriture semble avoir été maquillée. Le second courrier est une lettre contenant quatre tracts : deux tracts de Légitime Défense. Le premier est intitulé « Légitime Défense s'adresse aux Français » et est signé par « Le Comité » ; le second est un communiqué de presse du 19 août signé par « Le Comité national ». Accompagne ces deux tracts une lettre émanant du syndicat FPIP[12] adressée à M. Robert Badinter, ministre de la Justice. Cette lettre est signée par le président Didier Gandossi. Au dos de l'enveloppe est inscrit : « Soutien total de L.D. à Marietti André ». A la réception de ces deux courriers, je rédige un rapport que je remets à mon supérieur.

Le 22 septembre, je reçois une autre lettre anonyme, mais la situation apparaît plus sérieuse : il s'agit de menaces de mort. Dans une enveloppe à en-tête de la préfecture de police, sans cachet de la poste, ni numéro

---

[12] Fédération Professionnelle Indépendante de la Police, mouvance d'extrême droite.

d'ordre de transmission par courrier interne à la police, est placé un petit carton vert sur lequel sont inscrits les mots « Sale coco, agent de Moscou. On va te faire la peau. Dis adieu à ta famille. Les cocos sont les plus racistes ». J'en avise immédiatement mon chef de service et rédige un nouveau rapport. Devant ces menaces de mort, je demande aussi une protection rapprochée pour ma famille et moi. L'administration ne réagit pas : je ne reçois aucune réponse à ma demande.

Les 22 et 23 septembre, l'IGS me convoque cependant pour m'entendre sur ces menaces de mort anonymes. J'évoque le nom de quelques collègues susceptibles d'en être les auteurs sans pour autant les accuser. Quelle grossière erreur ! Erreur que j'allais payer très cher !

Les jours passent. L'enquête de l'IGS sur l'incident du 29 juillet n'aboutit pas. Le 27 octobre, l'affaire est classée par l'administration. L'enquête n'a pas apporté la preuve de la réalité des propos de Marietti ni du contraire. La décision de renvoyer dos à dos un officier de police et un simple gardien de la paix n'est pas dans l'ordre des choses. Cette situation surprend, mais ne trompe personne. Marietti et ses amis le comprennent. Ils vont, dès lors, tout mettre en œuvre pour obtenir de la justice ce qu'ils n'ont pas obtenu par l'administration policière : Marietti dépose une plainte pour « dénonciation calomnieuse » le 3 décembre 1982. Il transfère ainsi l'affaire sur le plan pénal. Une seconde plainte émanant de quatre policiers du XVIIIe arrondissement s'ajoute à celle de Marietti pour le même motif : ceux dont j'avais évidemment évoqué le nom lors de l'audition à l'IGS J'ai la désagréable impression d'être tombé dans un piège.

Le 13 décembre 1982, je reçois de nouvelles menaces de mort dans une enveloppe à en-tête de la préfecture de police. Cette lettre n'a transité ni pas la poste ni par courrier interne (comme la première) : elle a été déposée au poste de police. Elle renferme des propos injurieux : « Infâme ordure, tu vas crever ! Ta famille va en pâtir aussi, ça t'apprendra. Va à Moscou, espèce d'enculé. Compte tes os, espion du KGB ». Le carton, du même type que celui du 22 septembre, est identique à ceux utilisés au commissariat pour les saisies à la suite de ventes illicites. Un second courrier émanant du tribunal dans le cadre d'une autre affaire m'est remis le même jour : il a été ouvert et grossièrement refermé avec des agrafes. Je dépose plainte de nouveau, cette fois-ci, en plus, pour violation de correspondance. Le 7 janvier 1983, nouvelle lettre – qui prend désormais un ton antisémite – : sur un petit morceau de papier blanc est inscrit « Salope rouge. Dis-toi bien, toi et ton copain, qu'à chaque fois que tu croiseras le regard d'un flic, chaque fois que tu iras pisser, retourne-toi, car en cas de... vous êtes tous les deux les premiers à y passer. Ta clique de Juifs et de Cocos aura dans le cul, comme vous deux, salopes ». J'avais ouvert cette missive devant mon chef de brigade et lui en avait fait lire le contenu. Encore une fois, je dépose plainte. Le 9 mars, nouveau courrier anonyme : une petite lettre comportant une seule phrase, « Le socialisme est l'antichambre du communisme ». Enième dépôt de plainte. Malgré toutes mes plaintes, aucune enquête ne semble être en cours. Le ou les auteurs, de toute évidence, ne sont pas recherchés. Or, ce ne sont pas les indices qui manquent ! Les enquêteurs ont bien des pistes à exploiter. Je livre bataille contre des moulins à vent. Je sais que l'on ne me rendra pas justice et pourtant les articles 305 et 306 du code pénal sont sans ambiguïté :

Art.305. Quiconque aura menacé, par écrit anonyme ou signé, image, symbole ou emblème, d'assassinat, d'empoisonnement ou de tout autre attentat contre les personnes, qui serait punissable de la peine de mort, de la réclusion criminelle à perpétuité ou de la détention criminelle à perpétuité, sera, dans le cas où la menace aurait été faite avec ordre de déposer une somme d'argent dans un lieu indiqué, ou de remplir toute autre condition, puni d'un emprisonnement de deux ans à cinq ans et d'une amende de 500 F à 4 500 F. Le coupable pourra en outre être privé des droits mentionnés en l'article 42 du présent Code pendant cinq ans au moins et dix ans au plus, à compter du jour où il aura subi sa peine. Le coupable pourra être interdit de séjour à dater du jour où il aura subi sa peine.

Art.306. Si cette menace n'a été accompagnée d'aucun ordre ou condition, la peine sera d'un emprisonnement d'une année au moins et de trois ans au plus, et d'une amende de 500 F à 4 500 F. Dans ce cas, comme dans celui de l'article précédent, la peine de l'interdiction de séjour pourra être prononcée contre le coupable.

Marietti, quant à lui, est placé sur un piédestal. Sa plainte pour dénonciation calomnieuse a permis d'ouvrir une enquête. Un juge d'instruction est nommé et pas des moindres : en juillet 1983, je suis convoqué devant le très médiatique juge Grellier, spécialiste des affaires criminelles, le juge des affaires douteuses du septennat giscardien ! Je choisis un avocat de gauche, maître Jean Schlissinger. Marietti quant à lui, se fit assister par maître Denise Mialou Marsh Feiley, l'avocate du SAC dans la tuerie d'Auriol ! L'audition chez le juge est totalement orientée. Mes explications n'ont aucun écho : je suis inculpé de dénonciation calomnieuse. Je suis KO Debout ! Je sors du bureau complètement abasourdi. Etre inculpé n'est ni banal ni anodin ; j'en mesure toute l'importance. Mais je ne suis pas de nature à me laisser abattre : je décide de réagir très vite et le sentiment d'injustice qui m'envahit me donne les forces nécessaires pour faire face.

Mais avant cette convocation chez le juge, d'autres événements sont à prendre en ligne de compte. En effet, en 1982, la santé de mes beaux-parents, qui vivent à Paimpol dans les Côtes-du-Nord, s'est considérablement dégradée. Au cours du premier trimestre 1983, mon épouse et moi-même décidons de prendre des dispositions pour nous occuper d'eux : il nous faut quitter la région parisienne. En accord avec ma fédération, je rencontre le directeur général de la police au ministère de l'Intérieur. Lors de notre entrevue, il accepte que je sois muté à Saint-Brieuc à titre exceptionnel et hors période. La mutation sera effective au 1er janvier 1984. Mon épouse, quant à elle, se met en disponibilité et rejoint Paimpol dès le 1er août 1983.

Ma demande de mutation, hors de la période administrative habituelle, surprend mes collègues et ma hiérarchie directe. Marietti et ses amis profitent de l'information et mettent cette mutation sur le compte d'une sanction disciplinaire : je serais « muté pour l'exemple ». Cette réaction m'amuse : je sais pertinemment qu'il y a sur le bureau du directeur de la police près de trois cents demandes de mutation vers les Côtes-du-Nord ! Tous ces fonctionnaires espéraient ardemment partir en Bretagne, et moi, gardien de la paix sanctionné pour l'exemple, je passais avant eux et pour aller habiter auprès des miens ! Le raisonnement de Marietti et de ses amis n'avait rien de logique !

La presse, elle aussi, conclut hâtivement à une « mutation rapide » en province comme étant la conséquence disciplinaire à ma « dénonciation calomnieuse » : elle annonça à grand bruit l'organisation d'une manifestation lors de la remise officielle de la médaille de Marietti, le 19 août, dans la cour d'honneur de la préfecture, remise qui n'avait pas eu lieu l'année précédente. Suite à ces informations inexactes, le ministre Gaston Defferre décide de rétablir la vérité dans un un communiqué de presse :

« Dans un article paru dans les colonnes de votre numéro (*France soir*) daté du 18 août, veille de la cérémonie annuelle commémorant la Libération à la préfecture de police, vous avez annoncé que l'officier de paix Marietti recevrait de mes mains, à cette occasion, la croix de chevalier de l'Ordre national du mérite et que ce geste donnerait lieu à une démonstration bruyante.
En réalité, cette distinction a été remise au récipiendaire par le directeur de cabinet du préfet de police et aucune manifestation de mauvais aloi n'a marqué ce geste.
De bout en bout, l'administration a traité cette affaire en toute objectivité. Le fonctionnaire en cause a été fait chevalier de l'Ordre national du mérite par décret du 10 juillet 1982. Les circonstances qui ont entraîné une enquête de l'inspection générale des services sur son comportement datent du 29 juillet 1982. Cette enquête n'ayant pas donné lieu à une sanction, rien ne s'opposait à ce que soit remise, cette année, la distinction qui n'avait pu l'être le 19 août 1982, avant la conclusion de la procédure disciplinaire.
Quant au délégué de la CGT qui est mis en cause, sa mutation à Saint-Brieuc lui a été accordée sur sa demande expresse, pour d'impérieuses raisons familiales. Elle est donc sans rapport avec cette affaire (...) ».

Suite à la réponse de Gaston Deferre, les choses se calment un peu. Comme prévu, je quitte le XVIIIème arrondissement à la fin de l'année 1983 pour prendre un nouveau service à Saint-Brieuc. Mais l'affaire Marietti et mon engagement syndical m'ont précédé : l'accueil est glacial.

Quelques mois plus tard, une ordonnance émise par le juge Grellier en date du 15 juin 1984, me renvoie devant le tribunal de grande instance de Paris pour dénonciation calomnieuse. Je suis convoqué le 17 décembre 1984 devant la 17ème chambre correctionnelle. Les médias sont là. L'affaire fait parler. J'ai le sentiment de me trouver en plein procès politique. A l'entrée de la salle d'audience, Marietti me jette : « Salut Gérard ! C'est aujourd'hui que ça se décide ! » Nous partageons une poignée de mains et je m'assois sur le banc des accusés. La salle regorge de journalistes, de membres de l'administration policière, de connaissances de Marietti, d'amis syndicalistes et de curieux. Je suis soumis à un interrogatoire en règle. L'obligation de rendre compte pourtant prévue dans le règlement des gardiens de la paix est battue en brèche. La plaidoirie de maître Malou se base sur des éléments incroyablement simplistes : « Gérard Gatineau, délégué de la CGT, courroie de transmission du parti communiste français, agent de Moscou ». L'avocat général demande la relaxe dans l'affaire Marietti et une peine de principe dans l'affaire qui m'oppose à mes collègues.

Je suis condamné, en première instance, à quatre mois de prison avec sursis, cinquante mille francs d'amende pour l'insertion d'articles dans la presse et au paiement des frais de justice de la partie adverse. Il revient à Marietti de présenter les devis pour m'informer du coût de chaque insertion. Je décide de faire appel du jugement. Je suis cité à comparaître le 10 juin 1985. Le réquisitoire de l'avocat général s'avère être le contraire de celui du tribunal : il requiert une condamnation de principe face à Marietti et la relaxe face à mes collègues. Je pense être relaxé mais la 11e chambre correctionnelle confirme finalement le premier jugement. Le 8 juillet 1985, sur le conseil de mon avocat, je me pourvoie en cassation. Mais je stoppe rapidement la procédure en raison de la proximité des élections prévues au printemps 1986. Le rejet du pourvoi est prononcé le 29 octobre 1985. La condamnation est désormais définitive.

Dépositaire d'une sanction pénale, je suis susceptible d'être révoqué. Mon commissaire, sans attendre le rejet définitif de la cour de cassation fait la demande de sanction auprès du ministre de l'Intérieur. Le 15 octobre 1985, un télégramme émanant du ministère de l'Intérieur arrive au commissariat de Saint-Brieuc :

« Affaire concernant le gardien de la paix Gérard Gatineau de la police urbaine de Saint-Brieuc.

Vous informe, ai décidé de ne pas engager de procédure disciplinaire à l'encontre du gardien de la paix Gérard Gatineau de la police urbaine de Saint-Brieuc. L'intéressé avait été condamné pour dénonciation calomnieuse par deux arrêts de la cour d'appel de Paris. En date du 8 juillet 1985. Signé : le directeur personnel de la police Jean-Jacques Pascal. »

Le ministre n'engage donc aucune procédure disciplinaire à mon encontre ! Je mesure toute l'importance de cette décision : elle a pour effet immédiat de sauver ma carrière. Mais, par-delà cette satisfaction personnelle, cette décision va bien au-delà : elle a surtout une profonde signification. Elle donne la preuve que le ministère n'est pas dupe quant au jugement qui a été prononcé. C'est une forme de camouflet !

Mais cette affaire n'est pas pour autant terminée. Marietti tente alors de s'approprier les sommes prévues par le tribunal pour les insertions du jugement dans la presse. Un commandement de payer m'est adressé par voie d'huissier le 25 juin 1986. Je refuse bien évidemment de régler et je sursois à une demande de saisie sur arrêt sur ma paye. Celle-ci est transmise au tribunal de Saint-Brieuc. Mais elle est refusée pour le motif que Marietti demande l'argent sans fournir le moindre devis des journaux dans lesquels doit paraître le jugement. Marietti présente alors une seconde demande le 10 septembre 1986. Comme la première et pour les mêmes motifs, elle est rejetée. Les persécutions ne sont pas pour autant terminées.

En mai 1988, François Mitterrand est réélu président de la République. Les élections législatives qui suivent donnent une majorité à la droite. Jacques Chirac est nommé Premier ministre et... Charles Pasqua ministre de l'Intérieur. Ma sanction pénale est amnistiée mais Marietti et ses amis ont une oreille très attentive au ministère. Ils jubilent. Pasqua ne manque évidemment pas de leur faire plaisir : il remet en cause la décision de son prédécesseur en proposant une sanction sous la forme d'un blâme à mon encontre. Pasqua se permet ainsi de rejuger une affaire pour laquelle une décision avait déjà été prise. Du jamais vu sauf sous Pétain ! Toujours est-il que ma hiérarchie obtempère allègrement. Le blâme est ainsi libellé : « Prise à partie d'un officier devant ses subordonnés et dénonciation calomnieuse sanctionnées par une condamnation à quatre mois de prison avec sursis ». Je demande un temps de réflexion avant de signer ce blâme : il s'agit d'étudier la meilleure façon de dénoncer cette ignominie. Je choisis finalement de le signer 1er décembre 1987. Il sera amnistié par la suite.

Les mois suivants la situation se calme, mais elle a à jamais marqué les esprits. Quant à moi, j'en ressors grandi. J'ai subi l'agression de plein fouet de toute la frange ultradroite de la police. J'ai résisté ; je n'ai pas cédé ; j'ai fait front. Cela n'a pas été tous les jours facile. Mais, avec le soutien de mes camarades et de mes amis, je suis resté debout. J'ai répondu au coup par coup. Si c'était à refaire, j'agirais exactement de la même manière. La démocratie est à ce prix.

Cette affaire fut extrêmement pénible à vivre. Il m'a fallu être psychologiquement très fort face à des adversaires ne reculant devant aucune basse manœuvre. Aujourd'hui je n'ai aucun regret d'avoir agi ainsi, d'avoir dit ce que j'ai dit, d'avoir écrit ce que j'ai écrit ; en un mot, d'avoir osé affronter un adversaire aussi puissant et si bien entouré : si c'était à refaire, je le referais ...

Police et politique

Ces quinze ans de brimades – dont le point culminant fut bien évidemment l'affaire Marietti – m'ont convaincu d'une chose : dans les années 70-80, la police est gangrenée par la politique. Fort de cette constatation, je ne pus résister à l'envie de témoigner de mon aventure dans les colonnes de la « Voix » de la Police Nationale et d'en tirer les conséquences évidentes :

« La réaction réagit.

Le 19 juillet 1982 à 23h40, j'étais le témoin involontaire de l'interprétation que faisait l'OPP Marietti André de la brigade de nuit des consignes à donner aux gardiens de sa brigade.

Responsable syndical, fonctionnaire de police et citoyen, je ne pouvais laisser ainsi un officier appeler à la haine raciale et à la xénophobie. J'ai immédiatement réagi.

D'abord surpris de mon intervention, cet officier n'ayant pas l'habitude qu'un « petit gardien » ose l'interrompre pendant sa « conférence » ne trouva à répondre pour se justifier que tous « ses » gardiens étaient d'accord avec lui et me somma de « foutre le camp » immédiatement.

Devant mon refus de quitter le poste, il entra dans une vive colère frisant l'apoplexie, transformant sur-le-champ ce qui aurait pu n'être qu'un incident.

Tout y passa. Il dit que ce qui me faisait mal c'était que lui, un des meilleurs officiers de France, allait être décoré le 19 août dans la cour de la Cité de la préfecture de police de l'Ordre national du mérite.

Que moi, à côté de lui, je n'étais qu'un zéro, une nullité, une merde... Il dit aussi que la politique c'était un balancier à gauche en ce moment, mais que, bientôt, très bientôt, plus tôt que je ne le pensais, il allait revenir de l'autre côté et alors là...

Ce comportement n'est pas innocent. C'est une manœuvre politique, la suite des événements le prouve.

A la mi-août, M. Chirac, en Corse, tenait le même langage que Marietti le 30 juillet, sur la fin prochaine du gouvernement en place. Depuis, cela n'a fait que s'amplifier.

A mon retour, tous les « revanchards » de droite et d'extrême droite s'agitaient. Je recevais plusieurs courriers anonymes où l'insulte était abondante. Cela s'acheva le 22 septembre par la réception d'une lettre avec enveloppe de la préfecture de police, composée d'un petit carton avec un texte tapé à la machine ainsi rédigé : « Sale coco, agent de Moscou, on va te faire la peau. Dis adieu à ta famille. Les cocos sont les plus racistes ».

Bien que ce morceau de bravoure ne soit pas signé, il est difficile de ne pas l'associer à ce qui précède, compte tenu que Marietti n'a pas été décoré comme prévu le 19 août, que le SIPN et le FPIP ont distribué des tracts incendiaires sur cette affaire, que la FPIP a organisé une pétition réclamant sa décoration. Ce même Marietti a aussi bénéficié d'un article dans *Minute* (avec photos) et a fait intervenir en sa faveur Nicole de Hautecloque, bras droit de Chirac à la mairie de Paris, par une lettre ouverte à Gaston Defferre.

Lorsque Bernard Deleplace[13] dénonçait dans *Le Monde* la politisation de la hiérarchie policière par le RPR, nous lui avons apporté notre soutien total. Cela a fait grincé des dents, certains ont crié au scandale, y compris dans les rangs de la FASP Ceux qui avaient été mis en place par l'ancien régime dans les rouages de la police ont senti vibrer leur siège. Les affaires Marietti ne sont pas isolées, elles servent de révélateur quand elles sont étalées au grand jour et démasquent ceux qui complotent dans l'ombre contre les forces démocratiques.

C'est à vous tous, policiers respectueux des institutions élues, de ne pas tolérer l'intolérable en n'hésitant pas à saisir la CGT Il faut extirper de ses rangs ces dangereux individus. C'est à ce prix que nous rendrons la police à la nation, au service du peuple de France.

Gérard Gatineau[14] »

A Paris, dans ces années-là, la police nationale est une véritable communauté d'hommes de droite et d'extrême droite, un lieu de copinages de toutes sortes. De 1960 à 1981, l'institution est très politisée. Posséder sa carte du RPR ou coller des affiches de la mairie de Paris assure un bon déroulement de carrière. Bon nombre de « flics » font partie de la branche exécutive du R.P.R., le SAC, Service d'action civique, mis en place par le général de Gaulle et d'abord dirigé par Pierre Debizet, ancien de la France libre. Le SAC fut ensuite mis au service des successeurs gaullistes. L'organisation, souvent qualifiée de police parallèle, avait été créée pour constituer une « garde de

---

[13] Président de la Fédération autonome.
[14] *La voix de la Police Nationale*, Paris, septembre-octobre 1982, n° 58, p. 4.

fidèles » dévoués au service inconditionnel du « Général » après son retour aux affaires en 1958. Les statuts précisaient seulement que le SAC serait une « association ayant pour but de défendre et de faire connaître la pensée et l'action du général de Gaulle ». Il avait pour ancêtre le service d'ordre du Rassemblement du peuple français, qui s'était déjà illustré dans des affrontements parfois violents face aux communistes. A partir de la guerre d'Algérie, le recrutement fut de moins en moins sérieux, ce qui permit à beaucoup de personnes peu recommandables de rentrer au service. En mai 1968, des membres du SAC déguisés en ambulanciers interpellèrent des manifestants pour aller les frapper au sous-sol de leur quartier général, rue de Solferino. Le SAC expulsa des maisons des jeunes divers mouvements et associations (Maoïste, Katangais) après les élections de juin 1968. Le SAC créa aussi l'UNI pour contrer la « subversion gauchiste » dans le milieu universitaire. L'organisation de Debizet a aidé jusqu'en 1976 le syndicat étudiant dans toutes ses démarches. Beaucoup de militants avaient leur carte dans les deux organisations. Pendant les événements de mai 68 et face à tous ces problèmes, Pierre Debizet fut rappelé à la tête du SAC Il décida alors de remplacer la carte de membre qui ressemblait trop à une carte de police et exigea de chaque membre un extrait de casier judiciaire.

Mais de 1968 à 1981, les « incidents » se multiplièrent. Des membres furent jugés pour coups et blessures volontaires, port d'armes, escroqueries, agressions armées, faux monnayage, proxénétisme, racket, incendies volontaires, chantage, trafic de drogue, hold-up, abus de confiance, attentats, vols et recels, association de malfaiteurs, dégradation de véhicules, utilisation de chèques volés, outrages aux bonnes mœurs. Dans les années soixante-dix, la police a permis la réhabilitation d'anciens membres du SAC, notamment dans le corps des enquêteurs, fonctionnaires en civil rattachés au corps des gardiens de la paix sans jamais en exercer la fonction : ils effectuaient davantage des missions d'inspecteur de police sans pourtant détenir la qualification d'officier de police judiciaire. Le SAC fut dissous par une ordonnance du Conseil des ministres, le 3 août 1982, à la suite de la tuerie d'Auriol qui avait fait six morts.

L'arrivée au pouvoir du parti socialiste fut un événement majeur pour le syndicaliste que j'étais. En 1980, une guerre fratricide opposait les partisans de Valéry Giscard d'Estaing, bien assis à l'Elysée, et ceux de Jacques Chirac, confortablement installé à la mairie de Paris. En 1981, une véritable guerre ouverte ébranlait les deux clans. Ce conflit se répercutait dans les rangs mêmes de la police. L'histoire de ce gradé chargé de distribuer des autorisations de différentes sortes aux tenanciers de débits de boissons et aux patrons de boîtes de nuit est significative. *L'Humanité* rapporta qu'il « rackettait » ces établissements au profit de la ville de Paris. Un soir, il serait allé réclamer un « don » auprès d'un propriétaire de discothèque, don assorti de menaces de rétention. L'entretien se serait mal passé : le tenancier s'avérait être giscardien ! Il porta plainte et le brigadier fut suspendu ! Ce genre de situation, reflétant l'hypocrisie socio-politique du moment, m'amusait beaucoup. Au sein même de la police, les partisans de Chirac s'opposaient à ceux de Giscard. Certains, pourtant membres du RPR allaient jusqu'à dire qu'ils voteraient Mitterrand dans la perspective où leur candidat serait évincé au premier tour de l'élection présidentielle. Mitterrand doit probablement une partie de sa victoire à ce conflit !

Engagé syndicalement, je suivais de très près l'actualité politique. Un certain nombre de policiers du XVIIIe adhéraient alors à la CGT-Police. La loi de neutralité prévue dans les statuts spéciaux interdisait de divulguer librement ses idées politiques. Mais comment pouvions-nous rester neutre face aux actes du RPR et du SAC ? Si eux-mêmes ne respectaient pas le droit de réserve, il apparaissait évident que nous aussi, partisans de gauche, avions le droit de nous exprimer.

 A cette époque, le débat politique passionnait la France : le duel au sommet Jacques Chirac – Valéry Giscard d'Estaing nous tenait en haleine. A la surprise générale, le 26 avril, au premier tour, François Mitterrand s'imposait comme outsider face à Giscard d'Estaing. Le 27 avril, lendemain du premier tour, un officier de police principal m'avait dit : « Monsieur Gatineau, je vous présente mes sincères condoléances ! Pour moi, les carottes sont cuites ». Selon lui, les chiffres n'étaient pas favorables à une victoire socialiste : l'addition des voix chiraquiennes et giscardiennes imposaient nécessairement une victoire de la droite. Le raisonnement paraissait logique mais la réflexion tombait mal à propos. Cet officier, responsable de l'équipe de foot du commissariat, m'avait pris en grippe pour cause d'opinions politiques divergentes. Il contestait aussi ma popularité car autour de moi gravitaient un très grand nombre de cégétistes. Quelque temps auparavant, lors d'un match, j'avais été délibérément écarté de l'équipe. Tous les joueurs s'étaient alors offusqués de cette décision, refusant de jouer si je n'étais pas immédiatement réintégré !
 J'avais répondu à la remarque : « Monsieur l'officier, il ne faut jamais vendre la peau de l'ours... avant de l'avoir tué ».
 Le 9 mai, la veille du second tour, la campagne bat son plein, les sondages annoncent déjà la victoire de François Mitterrand avec 53% des voix. Ce jour-là, l'administration cherche des volontaires pour préparer une équipe d'intervention pour assurer la sécurité au PC de

Giscard d'Estaing le lendemain soir. Avec plusieurs de mes collègues cégétistes, nous nous portons candidats : nous espérons être aux premières loges de la débandade giscardienne ! Nous voulons porter le « Chiffon rouge », immortalisé dans la chanson de Michel Delpech, chanson de la classe ouvrière, sous les fenêtres du camp giscardien !

Le 10 mai, je suis affecté à la surveillance de l'un des bureaux de vote du quartier des Grandes-Carrières. Je dois simplement garder les entrées et sorties du bureau. Vers 19h30, Roger Chinaud, député RPR du quartier, habituellement très prolixe avec les policiers, se présente au bureau de vote, la mine renfrognée et le visage livide. Il entre, ressort quelques minutes plus tard sans dire un mot. Je prends son attitude pour un signe. A 20h, les résultats sont enfin promulgués : à la télévision apparaît la photographie de François Mitterrand !

Quelle victoire ! Quelle révolution !

Toujours de garde au bureau de vote, je vois arriver mon officier de paix principal. Je ne peux retenir un « Monsieur l'officier, je vous présente mes sincères condoléances ! » Il s'offusque, décomposé par la douleur de la défaite.

Le soir, comme prévu, nous partons pour le quartier général de Giscard. Dans les rues, les voitures klaxonnent ; les gens crient leur joie. Par la fenêtre de notre car de police, de nombreux gardiens agitent un chiffon rouge. Les passants n'en croient pas leurs yeux. Nous descendons le faubourg Poissonnière, passant devant les locaux du quotidien *L'Humanité* : les employés du journal sont éberlués de voir tout un car de police arborer le chiffon rouge ! Au commissariat du IIe arrondissement, où nous faisons une halte, règne une atmosphère de salle mortuaire. Les policiers gradés et les gardiens sont stupéfaits de voir des flics hilares acclamant la victoire de

« Tonton ». La mission au quartier général giscardien est finalement annulée : nous rentrons au central du XVIIIe arrondissement.

Le rendez-vous de la victoire est donné place de la Bastille où une grande fête est organisée. Nous nous y rendons dès la fin de notre service. L'ambiance est incroyable. Cette nuit-là, je rentre très tard à Drancy ! Aujourd'hui, on imagine difficilement ce que fut cette journée du 10 mai 1981. Elle restera à tout jamais gravée dans ma mémoire. L'euphorie, l'explosion de joie des gens, cette espèce de libération que tous les partisans de gauche ont ressentie sont indescriptibles. Même si nous avions quelques doutes sur la personne de François Mitterrand, il n'en reste pas moins qu'il représentait l'espoir d'une société nouvelle pour une grande partie du peuple français et en particulier pour la foule des employés et des ouvriers.

Quelques semaines après l'élection de François Mitterrand furent organisées les élections législatives. Le XVIIIe arrondissement était alors représenté par des députés de droite : Roger Chinaud, député des Grandes-Carrières, Joël Le Tac député du quartier de Clignancourt, grande figure du gaullisme et Jean-Pierre Pierre Bloch, député du secteur Chapelle-Goutte-d'Or. Pour ces nouvelles élections législatives se présentent alors des candidats socialistes dont on entendra beaucoup parler : Claude Estier, patron du journal du parti socialiste *Combat*, Lionel Jospin et Bertrand Delanoë.

Les jours précédant les élections, les photographies des trois hommes s'exposent sur les panneaux électoraux installés face au commissariat. Un soir, en mission de surveillance devant le central, je vois une voiture se garer en double file. Des individus en descendent et se précipitent pour lacérer et maculer les affiches des candidats socialistes. Ces hommes violent la loi : ils n'ont aucunement le droit de s'en prendre aux panneaux électoraux. J'appelle alors quelques collègues afin d'intervenir. Nous les interpellons : à notre grande stupeur, nous découvrons qu'il s'agit de policiers, membres du RPR ! L'un d'eux est un commandant de police ! Il est indéniablement surpris d'être pris à partie par des collègues, pensant que la loi ne pouvait pas s'appliquer à son cas ! De la pure provocation !

Aux élections législatives, Estier, Jospin et Delanoë sont élus. Dès la promulgation des résultats, à la mairie du XVIIIe, une immense marée rose envahit les rues de l'arrondissement. En défilé, nous quittons la mairie pour rejoindre la permanence du PS, cinq cents mètres plus loin. En tenue de gardien de la paix, mon foulard rouge autour du cou, je me rends au siège du parti socialiste dans le XVIIIe arrondissement, avec des centaines de personnes en liesse : j'avance bras dessus, bras dessous, aux côtés de Jospin, Delanoë, Estier et…Dalida !

La gauche est enfin parvenue au pouvoir. Les partisans de droite vivent une véritable tragédie. Au sein même de la police, le choc est violent. Si dans un premier temps, une certaine retenue est de mise, elle ne durera pas longtemps. Passé le traumatisme de la nouvelle, les responsables de droite, y compris au sein de la hiérarchie policière, n'entendent pas en rester là.

Congrès de Toulouse, octobre 1978

Fête de l'Huma, première représentation du stand de la C.G.T.

Rencontre entre le syndicat des Pervenches de Paris et de Lyon, siège de la Fédération CGT-Police

Congrès de la CGT-Police, octobre 1981

Enrica Ragot du syndicat des Pervenches

A droite, Georges Séguy, secrétaire général de la Confédération. A gauche, Jacques Etier, secrétaire général de la Fédération. Anniversaire, années 70.

Meeting interprofessionnel à la bourse du travail, Paris

PARTIE 3

15 ANS DE CARRIÈRE À SAINT-BRIEUC

Chapitre 1

Un nouveau métier

Lors de mes vacances, en septembre 1983, je me rends au commissariat de Saint-Brieuc pour prendre contact avec ma nouvelle hiérarchie. Au poste, personne n'a été informé de ma mutation et de mon arrivée prévue le 1er janvier 1984.

Le poste de Saint-Brieuc est un petit commissariat d'environ soixante-dix fonctionnaires. Je passe ainsi d'un central de plus de 350 policiers à un commissariat de province de cinq fois moins d'effectifs. Il m'apparaît alors évident qu'une période de transition sera indispensable et que mon adaptation ne se fera pas sans mal.

Je suis accueilli avec beaucoup de prudence, voire de méfiance. Ma réputation m'a précédé : je symbolise la « bête rouge » ! Mes collègues ont eu écho de l'affaire Marietti. Il me faut rapidement m'imposer. Je veux exercer en tenue et sur le terrain ; je refuse catégoriquement d'être assis derrière un bureau. Mais aucune brigade ne souhaite me voir rejoindre ses rangs. Seul un brigadier accepte finalement de m'intégrer dans son équipe : il s'agit d'un ancien fonctionnaire de police de Paris !

Je suis affecté à la brigade B. Au fil du temps, l'ambiance se détend. Mes collègues constatent très vite mes compétences et respectent ma différence. Je dois faire un travail sur moi-même tant dans le domaine professionnel que dans ma vie privée : les règles de la province sont si différentes de celles de Paris !

Je tâtonne. Je prends sur moi. Je m'adapte.

Lors d'une réunion de parents d'élèves à l'école de ma fille, il est question de l'organisation de la « kermesse ».

– Pourquoi appelez-vous cela la « kermesse »? Ne serait-il pas plus adéquat de parler de « fête » de l'école lorsque nous nous trouvons dans une école laïque ?.

Que n'ai-je pas dit ! L'instituteur et les parents d'élèves me fusillent du regard ! Je me rends compte que même si j'ai raison sur le fond, je dois m'adapter aux traditions locales et les respecter. De quel droit, moi qui ne suis pas d'ici puis-je prétendre changer les règles, les us et coutumes ? Cet incident banal conduira ensuite toute ma démarche : si je veux réussir, il me faut m'adapter complètement à la vie provinciale.

Comme prévu, je prends possession de ma nouvelle affectation le 1er janvier 1984. En plein cœur de l'hiver, la ville m'apparaît froide et triste. Le port du Légué semble sale et terne. Saint-Brieuc est une ville très peu accueillante.

Malgré cette impression d'austérité, je crois être en vacances permanentes ! Je viens vivre sur mon lieu de congés : quelle excitation ! En rentrant du travail, je vais à la pêche ! Je me sens détendu et serein.

J'achète une nouvelle voiture pour faire la route entre Paimpol et Saint-Brieuc. Je mets moins de temps pour faire ce trajet de quarante-cinq kilomètres que pour parcourir – en bus, train et métro – les neuf kilomètres qui séparaient mon domicile du commissariat du XVIIIe à Paris ! Je circule aux heures creuses ; la circulation est particulièrement fluide. Sur la route qui me mène à Saint-Brieuc à quatre heures du matin, je compte les voitures que je croise : je rencontre davantage de renards et de lapins que d'automobilistes ! Un seul inconvénient : les dépenses de carburant.

Notre quotidien change du tout au tout. Notre nouvelle qualité de vie profite vraiment aux enfants. Ils vont à l'école à pied et profitent d'activités de plein air. Ils retrouvent un véritable équilibre.

Au poste, je m'adapte à une autre organisation. Je dois parfois travailler la nuit : ici, il n'y a pas de brigade spécialisée. Je suis en service une nuit sur cinq, une matinée sur cinq, etc : le travail s'organise sur un cycle de huit jours.

Jour 1	12h30-20h45
Jour 2	Matin : 5h20-13h Soir : 20h30-5h30
Jour 3	Descente de nuit : repos
Jour 4	Repos
Jour 5	Repos
Jour 6	12h30-20h45
Jour 7	Matin : 5h20-13h Soir : 20h30-5h30
Jour 8	Descente de nuit : 14h-19h ou soir (match de foot ou événement particulier)
Jour 9	Repos
Jour 10	Repos
Jour 11	12h30-20h45
Etc.	

Ce système cyclique a, paraît-il, été médicalement testé et approuvé pour permettre aux fonctionnaires ayant une bonne hygiène de vie et respectant des créneaux de repos réguliers et fixes de le supporter. Dès le début, je m'impose des règles de vie afin d'équilibrer mes journées et éviter d'accumuler de la fatigue. Au début, c'est extrêmement difficile. Dormir l'après-midi m'est impossible : cela va contre mon rythme naturel. Il me faut un an pour stabiliser mon horloge biologique. Il me faudra aussi une année pour me réadapter à un cycle jour-nuit à mon arrivée en retraite.

Mon activité syndicale elle aussi se trouve totalement modifiée. Je ne suis plus demi-permanent ; je dispose de journées libres pour remplir mes obligations. Au commissariat de Saint-Brieuc, les choses doivent être reprises en mains. J'importe mes règles ; je réveille les consciences. Le syndicat autonome local a besoin d'être redynamisé.

En quelques mois, j'obtiens plusieurs droits : l'application de la loi sur le droit d'affichage des informations syndicales, la mise à disposition de poubelles dans les toilettes des fonctionnaires féminines, des places de stationnement gratuit à proximité du commissariat. Mais surtout, j'obtiens que le permis C soit exigé pour les chauffeurs de cars de police. A Paris, pour conduire un véhicule de police, y compris un véhicule léger et à plus forte raison les cars police secours susceptibles de transporter dix personnes, il fallait être titulaire d'un agrément attribué par la préfecture de police. En province, la règle était très différente : tout titulaire du simple permis B pouvait conduire n'importe quel véhicule. Les cars de police secours – souvent affectés au transport de personnels – étaient donc toujours conduits par un gardien de la paix détenteur du permis B et non d'un permis C comme la loi l'exigeait. J'ai donc dû intervenir au niveau national, par l'intermédiaire de ma fédération, pour alerter la hiérarchie sur ce problème. Depuis la nationalisation de la police en province on procédait ainsi ! La police elle-même se trouvait ainsi en infraction ! Je suis persuadé que mon intervention a été efficace.

Responsable régional, je crée des sections locales. Je circule beaucoup et je me rends vite compte du coût et du temps passé en déplacements. Rennes, Brest, Vannes,

Quimper... la Bretagne est une région étendue ! Sur place, j'ai souvent affaire à des fonctionnaires âgés, ayant acquis un certain confort de vie, qui, même s'ils partagent nos idées, ne souhaitent pas toujours prendre le risque de rejoindre un syndicat interprofessionnel : ils préfèrent la sécurité du syndicat autonome. Il faut les comprendre : arrivés en fin de carrière, ils ont réussi à revenir dans leur région natale ; ils possèdent une maison, un bateau ; ils profitent d'une qualité de vie très agréable... L'affaire de l'un de nos camarades, fonctionnaire à la CRS 13 de Saint-Brieuc, muté pour l'exemple à Strasbourg après avoir distribué des tracts de la CGT sur le parking d'une grande surface en dissuade plus d'un. Même si un gouvernement de gauche est en place, il n'en reste pas moins que beaucoup d'hommes de droite dirigent encore la police et que le risque d'être muté à l'autre bout de la France pour activisme syndical reste d'actualité. Dans ces conditions, qui prendrait le risque d'être séparé de sa famille, de quitter sa région et de perdre sa maison, son bateau, sa qualité de vie ? Une forte pression administrative et politique locale nuit au développement et au dynamisme syndical. J'éprouve beaucoup de difficultés à trouver non seulement des responsables de sections mais aussi des adhérents.

1984 est une année d'adaptation : j'apprends à connaître la ville et ses habitants ; je m'approprie de nouvelles méthodes de travail et un autre rythme de vie ; j'adapte mes compétences et mes désirs à la réalité du terrain. Ma fonction syndicale me demande aussi beaucoup de temps. Cette première année, j'interviens sur vingt-neuf affaires. Je suis très surpris par les rondes de nuit : les rues de la ville sont si calmes, si désertes ! Mais dès les premiers mois, un élément me sidère : le nombre d'interpellations liées à l'alcool, véritable fléau dans cette ville moyenne bretonne.

L'activité est centrée sur le quartier Balzac, un quartier HLM dit « sensible ». Pour moi qui arrive du XVIIIe arrondissement de Paris, ce qualificatif est inapproprié. Nous intervenons essentiellement sur des affaires de petite délinquance ; jamais – sauf cas extrêmement rares – sur des braquages ! Le seul braquage dont je me souvienne est un vol dans une station-service de la périphérie de la ville ! Mais il existe une autre forme de délinquance qui exige une rigoureuse adaptation de ma manière d'intervenir. J'apprends très vite à repérer les lieux et à comprendre l'originalité des Briochins. Dans une petite ville, ce sont souvent les mêmes personnes qui sont les auteurs de méfaits. Il est évident qu'il faut interpeller ces individus uniquement dans le cas où ils ont effectivement commis un acte répréhensible. Certains de mes collègues les interpellent constamment pour de simples contrôles de papiers. Abus de pouvoir ? Oui, probablement. N'est-ce pas de la provocation de contrôler un individu uniquement parce qu'il est déjà fiché alors même qu'à cet instant il n'est responsable d'aucun délit ? Je ne peux tolérer cette façon de faire. Je prône le respect de l'individu quel qu'il soit, délinquant ou non : un délinquant est d'abord un homme, un être humain. Cette manière d'intervenir fit ma différence et força le respect que me portèrent les jeunes de ces quartiers difficiles.

Pour illustrer mon propos : une anecdote.

Il y a à Saint-Brieuc un jeune homme qui passe pour une petite terreur. Nous le recherchons pour vol de voiture. Un matin, on nous informe qu'il se trouve devant la poste, à une centaine de mètres du commissariat. Nous devons l'interpeller. Chef de poste, je me fais relever, prends une paire de menottes et pars seul sur les lieux.

Pendant ce temps, branle-bas de combat au commissariat : inspecteurs et enquêteurs se regroupent à quatre ou cinq pour partir l'interpeller. J'y suis déjà. Je connais très bien le jeune homme : il me respecte ; je le respecte. Je lui dis : « Salut Vincent[15] ! Bon, il va falloir que tu viennes avec moi ! » Il me provoque : « Ah oui, et pourquoi ? » Il ne m'impressionne pas : « Tu le sais mieux que moi ! Je te mets les « bracelets » ou tu viens de plein gré ? » Résigné, il me dit qu'il attend sa copine partie faire une course et qu'il me suit. Nous attendons ensemble la jeune femme. Dès qu'elle arrive, nous partons vers le commissariat. Sur le trajet du poste, nous croisons l'équipe d'inspecteurs en chemin pour l'arrestation. On se croise sans un mot ! Quelle n'est pas leur surprise quand ils constatent que je conduis calmement le suspect au poste, sans même lui avoir passé les menottes !

Cette histoire illustre parfaitement ma façon d'intervenir auprès des jeunes Briochins. Dans une ville moyenne de province, contrairement à Paris, délinquants et policiers se connaissent. Le dialogue est une solution. En province, le gardien de la paix agit davantage comme un père, un grand frère ou un éducateur : le métier n'est plus du tout le même. La règle d'or est celle du respect de l'individu. A partir de là, s'installent un climat de confiance et une vision commune de la justice. Je ne dis pas que cette manière de faire fonctionne à chaque interpellation, loin de moi cette idée. Mais il faut savoir qu'elle existe et ne pas user automatiquement de la manière forte : un délinquant qui se sent respecté se comporte différemment d'un délinquant qui se sent agressé.

---

[15] Prénom d'emprunt.

# Chapitre 2

Interventions

Affaires courantes

Dès janvier 1985, je règle mon premier vol de voiture : affaire rare à Saint-Brieuc ! Le véhicule a été volé par deux jeunes gens auteurs de nombreux vols à la roulotte et cambriolages dans de petites entreprises et des commerces locaux. Leur arrestation met fin à toute une série de larcins. Mais les deux affaires les plus intéressantes ont lieu à la fin de l'année. En novembre, je mets à la disposition de la police judiciaire dix jeunes âgés de 18 à 25 ans pris en flagrant délit de consommation de stupéfiants. Un incroyable coup de filet ! Le soir du 10 novembre, nous contrôlons une fourgonnette dont le pot d'échappement est très bruyant. Le conducteur nous déclare qu'il ne s'agit pas de son véhicule ; il indique que le propriétaire se trouve à l'arrière. J'ouvre la porte du fourgon : à l'intérieur se trouvent plusieurs jeunes gens. Il émane de l'habitacle une forte odeur de haschich ! Après questionnement, nous apprenons que ces étudiants parisiens sont venus passer le week-end en Bretagne. Nous récupérons trente grammes de haschich et la fine équipe est invitée à passer la nuit au poste avant d'être remise en liberté le lendemain, après audition par l'officier de police judiciaire.

L'affaire du 30 décembre de cette année est aussi révélatrice de la particularité du métier à Saint-Brieuc. Ce cas s'avérait très « couleur locale ».

La scène se déroule sur le parking d'un hypermarché, un véhicule aux vitres embuées et au coffre lourdement chargé. Nous contrôlons. Nous découvrons quatre gros sacs chargés de coquilles Saint-Jacques. Les occupants du véhicule déclarent spontanément qu'ils doivent livrer ces sacs ici, à un homme qui conduit une estafette. Les coquilles n'ont pas été déclarées : elle sont destinées à être vendues « au noir ». Nous conduisons les hommes et le chargement au poste de police. Je rédige mon rapport. Peu de temps après, je constate que mon rapport n'a jamais été archivé. Les coquilles Saint-Jacques quant à elles ont disparues sans laisser de traces ! Il y a parfois de petits arrangements qui ne font pas honneur à la police. En l'occurrence, parler de « ripoux » me paraît dans certains cas tout à fait justifié.

Cette deuxième année me permet de m'intégrer parfaitement au sein de l'équipe. Je prends mes marques. En janvier 1986, j'entre dans ma troisième année de service. Je traite des vols de cyclomoteurs, un vol de lapins, un outrage public à la pudeur, plusieurs défauts de permis de conduire, un différend de voisinage, une affaire de coups et blessures graves, un vol de voiture associé à un vol à la roulotte, de multiples défauts d'assurance ou de permis de conduire, l'incendie d'un hangar et, le 31 décembre, une tentative de parricide dans laquelle un fils a frappé son père à la tête avec un marteau alors que celui-ci dormait. Mais ce qui me surprend encore est le nombre élevé d'interpellations pour conduite en état d'ivresse ou en état alcoolique : 19 personnes sont mises en garde à vue pour ces raisons, près d'un tiers des affaires sur lesquelles j'interviens ! Les taux d'alcoolémie mesurés sont effarants : jusqu'à 3,22 g d'alcool par litre de sang !

Les années se suivent et se ressemblent. En 1987, je suis confronté à des cas plus que divers : découverte d'une grenade dans un bac à sable, récupération d'une voiture immatriculée en Allemagne tombée dans le Légué, braquage d'un magasin, port d'arme et vol de bijoux, défauts de permis de conduire, incendie, vols divers... Le

19 mai, j'interviens dans une affaire de conduite en état d'ivresse assez particulière. Il est presque 21h quand nous remarquons un véhicule qui semble avoir des difficultés à s'arrêter au feu rouge. Je décide de contrôler le conducteur et de m'assurer qu'il n'a pas besoin d'être aidé. De près, je constate que la plaque minéralogique avant manque. Je demande donc au chauffeur de la camionnette de bien vouloir se garer sur le bas-côté. Mais, en cours de manœuvre, il accélère brutalement : *il veut prendre la fuite !* Voyant la voiture s'échapper, je cours à sa poursuite. Arrivé à sa hauteur, j'ouvre la portière avant gauche et saute sur le marchepied. La voiture roule toujours ! A 40 ou 50 km/h peut-être ! Nous parcourons 100 m, 200 m... Le conducteur ne paraît pas vouloir s'arrêter ! Je réussis, par je ne sais quel moyen, à appuyer sur la pédale d'embrayage : le moteur s'emballe, le véhicule ralentit... Nous sommes dans une côte... Malgré la résistance du fuyard, je parviens à tourner le volant vers la droite : la voiture heurte le trottoir et finit par caler. Le conducteur est visiblement très énervé : il gesticule, m'insulte... Mes collègues nous rejoignent très rapidement et nous le maîtrisons. Il sent l'alcool, titube ; l'alcootest se révèle évidemment positif. Nous l'interrogeons. Il nous apprend qu'il n'a jamais eu de permis de conduire et que la voiture n'est pas assurée ! L'homme est alors conduit à l'hôpital afin d'y subir une prise de sang. Il est ensuite gardé en chambre de dégrisement puis en garde à vue. Quelques heures plus tard, l'examen sanguin révèle un taux d'alcoolémie de 3,09g/l...

Vols de voitures, bris de vitrines, exhibitionnismes, fugues de mineurs, vols divers, défauts de permis de conduire ou de certificat d'assurance, etc. Les cas de détention et de consommation de stupéfiants deviennent des affaires de plus en plus courantes. Et toujours, les sempiternelles conduites en état d'ivresse : 16 cas cette année-là soit toujours près d'un tiers des interventions.

Septembre 1989, une affaire anecdotique : un flagrant délit de vol avec effraction. Il est 4h du matin. Les rues sont désertes. Nous patrouillons vers le bout de la rue du Gouédic quand nous remarquons un individu *a priori* dissimulé sous un pilier du pont. Il est peu fréquent de rencontrer quelqu'un dans la rue en pleine semaine au beau milieu de la nuit. Mon collègue stationne le car de ronde et nous allons à la rencontre de cet homme. Il fait nuit noire. Heureusement, deux lampadaires éclairent le ventre du pont. Nous rejoignons l'individu : nous lui demandons la raison de sa présence ici à cette heure indue. Il hésite, danse d'un pied sur l'autre... Au sol, près de lui, un carton rempli de friandises... *D'où vient cela ?* Il ne répond pas, puis bafouille : il est incapable de s'expliquer sur la provenance des sucreries. Nous l'invitons à monter dans le car avant de prospecter aux alentours. Derrière un muret, nous découvrons un autre jeune homme : il est allongé sur le sol. Nous l'interpellons aussi. A côté de lui, nous trouvons un panier de magasin contenant des bouteilles de whisky et de divers apéritifs ainsi que d'autres friandises. Le jeune homme – est-il même majeur ? – ne donne lui non plus aucune explication quant à la provenance de ces produits. Nous embarquons le deuxième lascar.

Tout cela est étrange : d'où proviennent ces denrées ? D'un domicile, d'une boutique ? Est-ce un butin ? D'un commun accord, deux de mes collègues et moi-même entreprenons de prospecter davantage dans les environs. Nous remontons la rue du Gouédic sur quelques dizaines de mètres avant d'arriver devant la vitrine d'un magasin. La porte est fracturée. Au pied de la devanture, sont abandonnés de nombreux cartons remplis de chocolats, gâteaux, conserves, alcools, fruits, etc. Nous entrons avec une extrême prudence... La pièce est plongée dans l'obscurité. Nous distinguons cependant qu'il y règne un grand désordre : certaines gondoles ont été vidées, d'autres renversées... *A priori*, le magasin est vide, calme... Un escalier mène au premier étage. Nous l'empruntons, toujours sur nos gardes. Il nous a semblé entendre un chuchotement... Les voleurs seraient-ils encore là ? Nous arrivons sur le seuil d'un appartement. Pendant que l'un de nous monte la garde à l'entrée pour éviter qu'un éventuel suspect s'enfuie, les deux autres entreprennent de visiter les lieux. Et cette ronde va déboucher sur l'arrestation de quatre individus : un premier lascar est caché sous un lit, un second derrière un fauteuil recouvert d'un rideau, un troisième est accroupi dans un coin près d'une cuisinière et le dernier a réussi à se glisser sous l'évier de la cuisine ! Les quatre compères ont immédiatement conscience de leur échec : ils n'opposent aucune résistance. Nous les palpons : ils sont tous porteurs de friandises et de chocolats ! *La gourmandise est un vilain défaut !* L'un d'eux nous raconte qu'avec un ami, ils ont forcé la porte pour voler quelques marchandises. A peine entrés dans le magasin, ce sont quatre autres jeunes gens qui sont également entrés pour se servir librement. Il nous explique alors que l'un des quatre a déjà quitté la boutique avec une grosse poubelle roulante remplie de victuailles ! *Certainement l'un des deux jeunes gens que nous avions interpellés quelques minutes plus tôt !* Le propriétaire du magasin est immédiatement avisé. Il arrive très vite pour sécuriser ses biens.

Octobre 1990, interpellation de deux mineurs de nationalité belge, en fugue d'un centre de placement : ils se sont sauvés de la maison de redressement quatre jours plus tôt. Après avoir pris le train jusqu'à Namur, ils ont volé une voiture pour passer la frontière franco-belge. Ils ont réussi à traverser toute la France avant d'être finalement interpellés pour vol de carburant dans une station-service briochine ! Les deux jeunes gens reconnaissent être les auteurs de « grosses affaires » en Belgique. Pourtant, ni la justice ni la police belge ne les ont déclarés en fuite : les deux garçons ne sont pas déclarés recherchés et le véhicule n'est pas signalé volé !

1991 est encore une année ordinaire, mais c'est est une date importante dans la progression de ma carrière : contre toute attente, le ministre de l'Intérieur mandate le préfet des Côtes-d'Armor pour me décerner la médaille d'honneur de la police nationale.

« Monsieur,
Par arrêté en date du 10 janvier 1991, M. le ministre de l'Intérieur vous a décerné la médaille d'honneur de la police française, au titre de la promotion 1990, en récompense de vos bons services et du dévouement dont vous avez fait preuve dans l'exercice de vos fonctions.
Il m'est agréable de vous adresser, à cette occasion, mes plus vives félicitations. »

Cette distinction doit m'être remise le 8 Mai, lors de la traditionnelle cérémonie dédiée aux policiers morts pour la France. A l'annonce de cette nouvelle, mon sang ne fait qu'un tour : accepter cette décoration revient à accepter toutes les brimades que m'a fait endurer mon administration pour mon activité syndicale. Accepter cette médaille, c'est renier mes principes. Mais je sais aussi qu'il est formellement interdit au récipiendaire de la refuser sous peine de poursuites. Ma fédération me met en garde. Mais je ne peux, en toute bonne conscience, accepter cette distinction ! Il me faut donc trouver le moyen de refuser cette médaille sans risquer de pénalités. Je trouve finalement une solution : je refuse de recevoir cette médaille publiquement, lors des commémorations du 8 Mai, comme cela est prévu. Afin de justifier ma décision, j'écris une longue lettre au ministre de l'intérieur :

« Monsieur le ministre de l'Intérieur,

Par l'intermédiaire d'un courrier de Monsieur Roger Gros, préfet des Côtes-d'Armor, je viens d'être informé que, par arrêté du 10 janvier 1991, vous venez de me décerner la médaille d'honneur de la police française.

Je suis très honoré de cette distinction qui efface en partie toutes les tracasseries, brimades, sanctions arbitraires pour délit d'opinion dont j'ai été victime depuis le début de ma carrière : c'est une réhabilitation de fait, dont j'apprécie la haute valeur.

Toutefois, si cette décoration me va droit au cœur, elle n'efface pas tout, surtout pas la haute surveillance dont je suis toujours l'objet et qui a pour but évident de me nuire dans mon déroulement de carrière et de m'écarter des postes de responsabilités.

Certes, ce n'est pas nouveau. J'étais considéré comme un excellent fonctionnaire, mais, à ma prise de responsabilités à la fédération CGT de la police nationale en 1972, j'ai subi les pressions les plus diverses. Il fallait avoir des nerfs d'acier pour ne pas craquer, tant la persécution était intense et omniprésente. J'ai tenu contre vents et marée. Malgré tout cela, je suis même allé trois fois au brevet de capacité technique. Au troisième rejet, convaincu d'avoir fait un bon devoir, j'ai demandé des explications à la commission de correction de la préfecture de police de Paris. Je me suis entendu dire par un directeur aujourd'hui en retraite : « Dans la police, nous n'avons pas besoin de rouge ni de rose ». Sans commentaire. Je ne me suis plus présenté au BCT.

Survient le 29 juillet 1982. Ce soir-là, j'assiste bien involontairement à l'appel de la brigade de nuit du 18ème arrondissement de Paris, mon service à l'époque.

Les propos tenus par M. l'officier de paix principal Marietti font sursauter mes convictions de démocrate et d'antiraciste. J'en rends compte à ma hiérarchie. Quinze jours plus tard, alors que je suis en vacances, je suis rappelé pour audition par l'IGS : la presse nationale reprenait le contenu de mon rapport administratif, rapport qu'elle s'était procuré par un moyen que j'ignore encore. L'enquête diligentée par l'administration est classée. Lorsqu'on connaît les rouages administratifs, je n'avais vraisemblablement pas mal entendu. Qu'à cela ne tienne, monsieur Marietti porte l'affaire sur le plan pénal et là, ô surprise !, je suis inculpé puis condamné. Par contre les nombreuses lettres de menaces de mort dont j'ai fait l'objet et pour lesquelles j'ai déposé plainte n'ont jamais eu de suite ni sur le plan administratif ni sur le plan pénal. J'ai fait appel : confirmation du jugement. Je me pourvois en cassation et stoppe la démarche. Le jugement devient définitif le 12 juillet 1985.

Mon nouveau chef de service, M. le DDPU des Côtes-d'Armor fait alors une demande de sanction à mon encontre. En retour à son Télex, un télégramme [...] signé de monsieur Jean-Jacques Pascal, directeur du personnel, décide de ne prendre aucune sanction à mon encontre. Mais ceux qui m'ont traîné devant les tribunaux ne désarment pas.

L'arrivée en 1986 de messieurs Pasqua et Pandrau au ministère de l'Intérieur relance l'affaire.

Un appel téléphonique à Saint-Brieuc et voilà la décision de M. Jean-Jacques Pascal, et par-delà de M. Pierre Joxe, balayée d'un revers de main. J'écope d'un blâme provocateur dont la finalité apparaît en filigrane. Je ne réagis pas tellement le coup est bas et ne cède pas à la provocation.

Le retour de monsieur Joxe au ministère tempère quelque peu l'activité de mes adversaires. Ils se contentent d'étouffer systématiquement toutes promotions ou responsabilités auxquelles je pourrais prétendre.

Témoin, ces deux affaires :

– Juillet 1989 : départ en retraite de l'adjoint au chef de brigade. Je devais, en principe, le remplacer. Mais non ! Un fonctionnaire ayant fait toute sa carrière comme barman à la CRS 13 est désigné.

– Juillet 1990 : départ de ce fonctionnaire. La place est de nouveau vacante. Cette fois le choix se porte sur le sous-brigadier qui, lui, a passé dix-huit ans à la piste routière de la CRS 13. Il est désigné malgré son opposition.

Voilà, monsieur le Ministre, quelques éléments parmi les plus marquants de ma carrière administrative qui me font demander le report du décernement de la médaille de la police française tant que n'aura pas cessé à mon égard cet ostracisme politico-syndical.

Je pense qu'à l'heure où vous-même prenez des mesures pour combattre toutes les formes d'exclusion, il est bon que vous sachiez que dans la police même ce ne sont pas toujours ceux que l'on pense qui sont pourchassés.

En tout état de cause, s'il est impossible de surseoir à ce décernement, il ne m'apparaît pas possible de participer à une cérémonie officielle où cette médaille me serait remise. D'autre part, dans le cas où mon rapport s'égarerait dans les méandres du courrier administratif, je me permets de vous faire parvenir un exemplaire directement par l'intermédiaire de ma fédération. En accord avec cette dernière, l'essentiel du contenu de ce rapport sera rendu public ».

Aucune réponse ne me parvient du cabinet du ministre de l'Intérieur, monsieur Chevènement. J'ignore même s'il a lu ce rapport ! Quoi qu'il en soit, ce 8 Mai 1991, nous sommes quatre gardiens de la paix à recevoir la médaille d'honneur : seul l'un d'entre nous la reçoit publiquement. Les deux autres policiers récipiendaires refusent une remise publique pour dénoncer le mécontentement général de la corporation vis-à-vis du gouvernement.

Si le ministère reste muet, il n'en est pas de même de mon administration. Fin avril, quelques jours avant la cérémonie de remise des médailles, je suis l'objet d'une énième brimade. De garde à la préfecture de Saint-Brieuc, j'assure la surveillance de l'entrée principale du bâtiment dans le cadre du plan « Vigipirate » : je dois contrôler l'identité de toutes les personnes rentrant dans l'édifice. Je contrôle un certain R M. A la lecture de ce nom sur la carte d'identité, mon sang ne fait qu'un tour : cet individu est recherché par nos services depuis des mois ! J'appelle le commissariat ; j'informe l'officier de la présence de l'individu dans les locaux de la préfecture et lui communique les informations inscrites sur la carte d'identité : nom, prénom, date et lieu de naissance. Les renforts arrivent. L'individu est appréhendé et mené au poste. On effectue les vérifications d'usage : on s'aperçoit rapidement que la date de naissance de cet homme ne correspond absolument pas à celle de l'individu recherché ! Il y a erreur sur la personne ! Il s'agit d'un homonyme, absolument innocent mais appréhendé comme un malfaiteur et maintenu contre son gré dans les locaux du commissariat ! L'inspecteur n'a pas procédé à toutes les vérifications d'usage.

Suite à cette affaire la veille de la cérémonie de remise des médailles, je suis informé par mon commandant qu'un avertissement a été inscrit à mon dossier à la suite de ce *quiproquo*. Je refuse de porter la responsabilité de cette énormité : j'ai le sentiment d'être victime d'un acte arbitraire ! Seul l'inspecteur est responsable de cette affaire : c'est à lui que revenait la responsabilité de s'assurer de l'identité de l'individu. J'adresse un rapport à mon commissaire principal et refuse la sanction que l'on m'impose. Ma plainte est classée sans suite. L'inspecteur, quant à lui, membre du RPR, ne sera jamais inquiété : on n'allait pas l'ennuyer pour une affaire d'atteinte aux libertés !

Le quotidien reprend encore ses droits. Automobiliste violent, notable conduisant sous l'emprise d'un état alcoolique et tentant de nous soudoyer, motocycliste roublard, voleur d'électricité, jeune homme tirant par la fenêtre de son domicile avec un calibre 22 pour « s'exercer », ancien gendarme au Liban détenteur d'un arsenal de guerre, coopérant français auteur d'un accident mortel conduisant avec un permis non valable en France... Je continue de croiser toutes sortes de vies, toutes sortes de personnages plus ou moins dangereux, tragiques ou inconscients.

L'année 1993 s'avère plus calme : l'année est essentiellement marquée par un vol à main armée dans une agence bancaire – affaire extrêmement rare en province !, une rixe intervenue au cours d'un mariage vietnamien qui fait un blessé très grave, frappé à la tête à coups de hachoir suite à une querelle familiale, une tentative de corruption – la seule à laquelle je fus confronté dans toute ma carrière ! –, une intervention sur un incendie qui demande l'évacuation des habitants de tout un immeuble.
1994 : plus que cinq ans avant la retraite ! Deux interventions importantes : une voiture accidentée par une

locomotive sur une voie de chemin de fer et un vol de voiture commis par un jeune homme conduit au commissariat par son propre père !

Certaines affaires illustrent une vraie misère sociale comme cette histoire de mineurs en danger moral. Nous devons ramener un jeune fugueur de 16 ans à son domicile. Chemin faisant, l'adolescent nous explique qu'il s'est disputé avec sa mère : alcoolique, elle néglige ses deux enfants de 16 et 12 ans. Au domicile, effectivement, nous trouvons une jeune femme ivre morte, endormie tout habillée sur le canapé du salon. Il est 23h : le plus jeune des garçons est planté devant la télévision. Nous voulons parler à la jeune femme ; les deux adolescents nous en dissuadent : ils craignent la violence de leur mère à son réveil. Nous sommes démunis... Que pouvons-nous faire ? Désarmés, nous conseillons aux enfants d'aller se coucher. Nous quittons les lieux. Cette intervention nous laisse un goût amer : comment ne pas se sentir impuissant devant la misère quotidienne de cette femme et de ses enfants ? Comment leur venir en aide ? Notre travail se limite malheureusement à raccompagner un adolescent fugueur à ses parents. Tout au plus, pouvons-nous signaler aux services sociaux compétents la détresse cachée derrière ces murs...

1995 est encore marquée par une affaire de travail clandestin : trois hommes reconnaissent travailler au noir pour des entreprises locales et des notables bien connus. Nous intervenons aussi sur plusieurs vols de voitures, quelques différends et toujours ces sempiternels cas de conduite en état d'ivresse ! En 1996, l'une de nos interventions intéresse les journaux : un jeune homme de 21 ans, originaire du sud de la France et sans domicile fixe, est condamné à quatre mois de prison ferme pour vol avec violences et tentatives de vol. L'individu et deux collègues avaient décidé de rejoindre la capitale. Il leur fallait une voiture : ils tentèrent de voler quatre véhicules dont celui d'un prêtre qu'ils agressèrent à la bombe lacrymogène. En juin, réforme administrative : les traditionnels rapports disparaissent pour laisser place aux procès-verbaux ou saisines d'interventions, qui deviennent les premiers éléments matériels d'une procédure. 1997 : 48 interventions et non des moindres ! En avril : un vol à main armée dans un salon de coiffure, un impressionnant incendie dans un immeuble cossu et un homicide volontaire ; en septembre, un règlement de comptes avec armes à feu ; en novembre : un viol en réunion et une tentative de suicide avec arme à feu.

1998 : ma carrière touche à son terme. Je serai en retraite le 2 octobre. J'ai des congés à récupérer, des heures supplémentaires à rattraper ; on m'offre deux mois pour « bons et loyaux services » : j'effectue finalement ma dernière intervention le 12 avril. Le soir même, j'invite mes amis à un pot de départ. La presse locale est présente : je suis le sujet d'un article élogieux. Le 13 avril, on me retire mon arme de service. Je vide mon placard.

Intervention majeures

Agression de gardiens de la paix

Hiver 1984. Vendredi. 22h.
Nous sommes appelés rue Lafayette pour venir en aide à un homme handicapé : le moteur de sa chaise roulante électrique est tombé en panne. L'homme se trouve désormais coincé au beau milieu de la chaussée. Il n'est pas seul : deux amis l'accompagnent. Les trois hommes semblent avoir bu quelques verres. Ils nous racontent qu'ils reviennent du repas des footballeurs du quartier,

qu'ils ramenaient leur ami handicapé à son domicile quand le fauteuil est tombé en panne. L'un d'eux précise avoir appelé les pompiers pour leur venir en aide. Il est déjà tard : nous leur proposons de transporter leur ami dans notre car et de le reconduire chez lui. Mais, dès cet instant, les choses prennent une autre tournure : à peine avons-nous le temps de commencer à manœuvrer le car que la personne handicapée hausse la voix. Elle refuse d'être aidée. Nous l'assurons de notre bonne foi et réussissons à la persuader. Avec son accord, nous disposons le car de telle façon à pouvoir charger plus facilement le fauteuil. Mais c'est sans compter avec les deux autres individus qui semble-t-il ne sont pas de cet avis ! Le premier, qui était jusqu'alors resté en retrait, s'abat sur moi. Sa violence est disproportionnée ! Il hurle, me frappe. Sous le choc, je roule sur le sol. L'homme, devenu totalement irrationnel, s'agrippe à ma veste avec une force incroyable. Mes trois collègues se précipitent pour le maîtriser : ils l'immobilisent finalement non sans difficultés.

Pendant ce temps, le deuxième homme se précipite vers son véhicule garé non loin de là. Il disparaît quelques secondes dans l'habitacle et revient vers nous armé d'une hache, d'un marteau et d'une barre de fer. Il est hors de lui. Il exige que nous relâchions immédiatement son ami. Il nous menace. Il lève sa hache au-dessus de deux de mes collègues. Ils reculent. L'individu, furieux, hurle encore plus fort : « Relâchez-le ! » Mon collègue est contraint de défaire les menottes qui avaient été passées aux poignets du premier homme. *Les choses tournent mal… Comment les reprendre en main ?* Malgré la gravité de la situation, aucun d'entre nous n'a recours à son arme de service. Nous nous trouvons pourtant bel et bien en état de légitime défense, mais ces hommes sont ivres et irresponsables… *Il faut trouver un moyen de les arrêter sans prendre de risques ni pour eux ni pour nous...* Nous sommes dans une impasse...

Quelques secondes ont passé quand nous entendons arriver un car de renfort : ils ont été alertés par mon collègue quelques minutes auparavant. Pris de panique, l'individu armé prend la fuite. Nos collègues de la brigade de renfort volent à sa poursuite. Ils remontent très vite à sa hauteur mais l'homme est déchaîné, hystérique : seul l'usage d'une bombe lacrymogène en vient finalement à bout. Immobilisé, il ne peut que s'affaisser et se laisser conduire à bord du car de police. De notre côté, nous interpellons de nouveau le premier homme et lui repassons les menottes. Les deux hommes sont conduits au poste et placés en cellule de dégrisement. Leur collègue handicapé, ivre lui aussi, mais resté passif durant toute cette rixe, est raccompagné à son domicile. Deux de mes collègues sortent de cette mésaventure avec de légères blessures. Quant à moi, j'en aurai été quitte pour un bon coup de poing à la mâchoire qui ne me fera pas pour autant interrompre mon service.

Voiture contre locomotive

8h35, rue Chaptal, Saint-Brieuc. Nathalie[16], 31 ans, se rend à son travail. Elle circule au volant de sa Peugeot 205. Elle est pressée. Elle passe devant le garage Wolkswagen. Deux camions sont arrêtés juste devant la concession : ils livrent une dizaine de voitures neuves. Ce qu'elle ignore c'est que les poids lourds cachent les feux de signalisation de la voie ferrée. La jeune femme déclenche son clignotant ; elle double... Le soleil brille fort ce matin : Nathalie est éblouie. Elle n'aperçoit pas les feux situés à

---

[16] Prénom d'emprunt.

l'intersection de la route et de la voie ferrée : ils sont pourtant passés au rouge. Sur sa lancée, sûre de son droit, elle dépasse... Mais le train arrive...

Le choc est brutal. La collision n'a pu être évitée : même circulant à très faible vitesse – l'enquête démontrera que la motrice circulait sans wagons et se rendait au port du Légué – le locotracteur de 35 tonnes n'a pas le temps de s'arrêter face à cette voiture qui lui a coupé la voie. L'un des tampons a enfoncé la portière avant droite de la 205 avant de la pousser sur une dizaine de mètres. Dès que possible, le locotracteur s'arrête en limite de chaussée. Le chef de manœuvre descend et actionne l'alerte.

Au poste : appel pour train contre véhicule. Nous nous rendons immédiatement sur les lieux. Scène incroyable : la 205 est quasiment encastrée sous la motrice. Le choc a dû être très violent : le côté droit de la voiture est défoncé, le pare-brise a explosé... Les pompiers sont sur place : la conductrice, ancienne sportive internationale, est choquée. Elle est transportée à l'hôpital. Par chance, les examens ne révéleront aucun traumatisme : elle sortira quelques heures plus tard. Le lendemain, la jeune femme nous confirme qu'elle a été éblouie par le soleil et n'a par conséquent pas vu le feu rouge signalant le passage du train. Les cheminots, quant à eux, avaient appliqué strictement les consignes de passage qui imposent un arrêt complet de la locomotive pour actionner le feu rouge et redémarrer la machine.

En trois ans, il s'agissait du troisième accident de ce type sur un axe où passaient de deux à trois convois par semaine.

Flagrant délit de vol à main armée

Avril 1997. Milieu d'après-midi. Je suis en patrouille avec ma collègue Séverine[17] et un élève gardien, Yannick[18], quand nous recevons un appel nous demandant de nous rendre immédiatement rue Jules Ferry où se trouverait un individu armé. Sur place, quelques minutes plus tard, nous trouvons un attroupement de plusieurs personnes entourant un jeune homme. Une femme désigne alors cet individu comme étant l'auteur d'un vol à main armée commis dans son salon de coiffure, à deux rues de là, quelques instants auparavant. Sur ces dires, nous interpellons et menottons le jeune homme. Nous le palpons : dans la poche de son caban, nous découvrons une cagoule noire. Le maigre butin, un pistolet d'alarme imitation Beretta 9 mm et un chargeur non approvisionné nous sont ensuite remis par un témoin. La gérante du salon de coiffure braqué nous décrit alors les faits :

« Je me trouvais dans mon magasin avec mon employée et une cliente quand un individu cagoulé, armé d'un pistolet, a fait irruption. Il s'est mis à hurler et a réclamé la caisse. Pétrifiées de peur, nous n'avons pas bougé. Il a alors ouvert le tiroir-caisse et a pris une partie de son contenu. Il est ensuite ressorti en courant. Ayant repris mes esprits, j'ai voulu le poursuivre. Des personnes qui se trouvaient dans la rue à ce moment-là sont venues m'épauler. Ensemble, nous avons réussi à le coincer dans cette entrée d'immeuble. C'est à ce moment là que vous êtes arrivés ».

Cette interpellation – à un an de la retraire ! – représente ma première arrestation en flagrant délit. Même à Paris, je n'ai jamais eu une telle opportunité : nous

---

[17] Prénom d'emprunt.
[18] Prénom d'emprunt.

arrivions toujours sur les lieux des braquages juste après l'échappée des bandits ! Nous faisons appel aux renforts : l'individu est conduit au poste. Il s'agit d'une jeune homme de 18 ans, apprenti. La fouille réglementaire révèle qu'il est vêtu de trois pull-overs, d'un blouson en jean, d'un caban et de trois pantalons ! Il porte également trois paires de chaussettes les unes sur les autres ! Ces vêtements en surnombre, superposés les uns sur les autres, la cagoule, l'arme... tous ces éléments prouvent que le jeune homme a minutieusement préparé son coup. Il a simplement omis un élément : la présence, à l'instant du braquage, de passants justiciers !

Quelques mois plus tard, j'apprendrai par la presse que le garçon a été condamné à six mois d'emprisonnement ferme et dix mois avec sursis. Avec 3000 francs de revenus mensuels, il confia avoir du mal à subvenir à ses besoins : il avait donc décidé de commettre un vol pour arrondir ses fins de mois !

Incendie

Cet incendie reste l'une de mes interventions les plus marquantes. J'ai véritablement le sentiment d'avoir sauvé des vies ce jour-là.

Un après-midi d'avril. Je suis de service de patrouille sur la circonscription avec un jeune collègue élève gardien de la paix quand nous sommes requis par le poste directeur pour un feu d'appartement important boulevard Laennec. Nous arrivons sur place trois minutes plus tard. Nous constatons immédiatement la présence des sapeurs-pompiers : ils s'affairent sur le parking de la résidence. Une épaisse fumée se dégage des fenêtres du 8ème étage. Afin de mieux évaluer la situation, nous faisons le tour de l'immeuble et nous nous apercevons que des flammes impressionnantes s'échappent du balcon du 8ème étage. Deux personnes appellent au secours, d'une fenêtre jouxtant le balcon. Elles sont, de toute évidence, bloquées dans l'appartement et cernées par le feu. Par radio, nous demandons d'aviser immédiatement l'équipe de sapeurs-pompiers afin qu'ils viennent de toute urgence avec leur grande échelle sur ce côté de l'immeuble. Dès qu'ils ont l'information, les pompiers sont obligés de pratiquer une nouvelle manœuvre pour déplacer la grande échelle. Ces quelques minutes nous paraissent des lustres. Les deux personnes viennent de se réfugier sur le balcon : les flammes les entourent. L'une des deux victimes, un jeune homme, jette par-dessus la rambarde une couverture en flammes qu'il avait prise pour se protéger. Ils crient ; ils hurlent ; ils n'ont plus qu'une idée en tête : sauter, se jeter dans le vide, pour ne pas être dévorés par les flammes. Ces quelques minutes sont peut-être les plus dramatiques de ma carrière... Il faut que ces gens restent sur le balcon ; les pompiers arrivent ; c'est l'affaire de quelques petites secondes... Je les encourage de toutes mes forces à ne pas se précipiter dans le vide, à patienter encore coûte que coûte quelques instants... Les pompiers réussissent enfin à installer la grande échelle sous le balcon. Ils parviennent à dégager les deux personnes, un jeune homme de 18 ans et sa tante âgée de 48 ans... *in extremis*. Victimes de brûlures et intoxiqués par la fumée, ils sont pris en charge par les sapeurs-pompiers et immédiatement dirigés vers le centre hospitalier. Six autres résidants de l'immeuble et un sapeur-pompier sont blessés et transportés à l'hôpital. Une fois l'incendie maîtrisé, nous découvrons que l'appartement du 8ème étage est totalement détruit.

Que s'était-il passé cet après-midi-là ? Les témoins nous rapportèrent rapidement les circonstances du drame. A l'origine du sinistre : des travaux de plomberie – le remplacement d'un radiateur – effectués dans une chambre de cet appartement situé au 8ème étage. Lors d'une soudure sur un tuyau placé dans la cloison, le feu aurait pris dans le tissu mural. Le propriétaire et l'artisan avaient réussi à quitter le logement sans trop de dommages. Mais l'épouse du propriétaire et son neveu n'avaient pas eu cette chance : ils y étaient restés prisonniers.

Homicide

Printemps 1997. En service de ronde avec un collègue, nous recevons un appel radio nous demandant de nous rendre de toute urgence rue Poutrin : un jeune homme y serait décédé de mort non naturelle. Sur place, nous trouvons deux hommes à qui nous demandons de nous indiquer l'appartement de Monsieur G. L'un d'eux nous déclare que cet homme habite au premier étage ; il précise que l'amie de l'individu a été tuée dans un accident de la route quelques semaines plus tôt. Il nous indique enfin que la voiture de monsieur G. est stationnée juste devant la porte de l'immeuble.

Nous montons au premier étage. Devant la porte du logement, nous constatons la présence de sang sur la poignée. Nous sonnons. Aucune réponse. Nous tentons d'ouvrir : la porte est verrouillée. Selon la procédure habituelle, nous appelons le poste et demandons une intervention des sapeurs-pompiers pour procéder à l'ouverture de la porte. Mais quelques minutes plus tard, arrivent monsieur et madame G., les parents du locataire de l'appartement. Ils nous expliquent que leur fils demeure ici depuis le décès de son amie, qu'il vient quotidiennement déjeuner chez eux – « pour éviter qu'il ne broie du noir » – et que ce midi, contrairement à son habitude, il n'est pas venu. Leur fils ne les a pas averti d'un quelconque retard ou d'une annulation : ils sont définitivement inquiets. Les parents ajoutent qu'ils possèdent une clé de l'appartement. Suite à cette information, nous annulons aussitôt le déplacement des sapeurs-pompiers. Les parents nous confient la clé et nous les prions de bien vouloir rester en retrait le temps que nous effectuions la visite de l'appartement de leur fils.

Dès que la porte est ouverte, nous remarquons des traces de sang au pied de la porte, à l'intérieur du logement. A droite, la porte d'une chambre est entrouverte. Le lit est en désordre. Dans la pénombre, nous croyons qu'un corps se trouve sous les couvertures. Nous les levons : nous n'y trouvons qu'un oreiller et une serviette tachée de sang. La seconde pièce, à droite, est fermée. Elle n'est pas verrouillée : nous entrons ; nous n'y trouvons rien de particulier. De retour dans le couloir, en face de l'entrée, se trouve la salle de bains dont la porte est ouverte. Une flaque d'eau sur le sol, des gouttes de sang dans la baignoire... Devant l'entrée de la pièce de gauche, je vois une veste détrempée et tachée de sang. Nous entrons dans cette troisième pièce : la cuisine. Le sol est totalement recouvert de sang et d'eau ; les murs et les meubles sont maculés de sang ; un seau en plastique est renversé... Sur notre gauche, devant l'évier, un homme d'une trentaine d'années est allongé sur le dos, la tête tournée vers la fenêtre. Il est vêtu d'un sweat foncé et d'un jean. Ses vêtements sont détrempés. Il porte une plaie béante au cou, côté droit : de toute évidence, la carotide a été tranchée. La mort ne fait aucun doute. Néanmoins je m'approche du cadavre : le corps est encore chaud.

Fort de ces constatations, la première hypothèse qui vient à l'esprit est celle d'un homicide. Afin de conserver toutes les traces et les indices, nous refermons la porte et interdisons l'accès de l'immeuble à toute personne. Nous informons les parents de notre macabre découverte et les prions de rester à notre disposition. Immédiatement, par téléphone, nous exposons brièvement la situation au chef de poste et demandons le déplacement d'un officier de police judiciaire et des autorités habilitées.

L'enquête révélera plus tard que la victime, un jeune homme de 27 ans, avait été frappée de 33 coups de couteau. Suite aux constatations relevées et à la découverte d'un individu blessé dans une clinique privée, un jeune homme, relation de la victime, sera mis en examen pour homicide volontaire et écroué à la maison d'arrêt de Saint-Brieuc. L'individu niera d'abord les faits : il plaidera non coupable pendant près de deux ans et demi. Mais les analyses ADN pratiquées sur des échantillons de sang trouvés dans l'appartement de la victime − sur la poignée de porte en particulier − prouveront sa culpabilité. Dès la divulgation des résultats scientifiques, le suspect modifiera sa version de l'affaire : « J'étais un ami d'Eric. Je fumais un peu de haschisch : il était mon fournisseur. Ce matin-là, je le croise rue de Gouedic. Il me demande de passer chez lui vers 12h15. J'arrive au rendez-vous. Je vais me laver les mains. J'entends un grand bruit dans la cuisine. Je sors de la salle de bains ; un inconnu se jette sur moi et me blesse à la main droite avec un couteau. Un autre type était sur Eric dans la cuisine. J'ai réussi à m'enfuir. J'ai fait de l'auto-stop pour rentrer chez moi, avant de me rendre à la clinique ». Il avouera, pour terminer, n'avoir pas appelé les secours par crainte de représailles.

Les résultats des analyses ADN prouveront définitivement la culpabilité du jeune homme. A court d'arguments, incapable de justifier sa version, ne mettant en avant que des invraisemblances, il sera condamné à vingt années de réclusion criminelle. La qualité de mon travail dans cette affaire d'homicide volontaire me vaudra − enfin ! − des félicitations du commissaire divisionnaire qui reconnaîtra l'esprit d'initiative, le sens policier et le sang-froid dont je fis preuve ce jour-là.

Fusillade

Dimanche. 19h. En service de patrouille place de la Grille, à l'angle de la rue des Trois Frères Le Goff. Un attroupement anormal. Des gens visiblement choqués.
Nous arrêtons notre véhicule. Que se passe-t-il ? Pourquoi une telle agitation ? Nous nous approchons du groupe de badauds. Nous tentons d'interroger quelques personnes. Une femme d'abord : elle est livide, la gorge serrée, elle ne peut répondre à mes questions. Je me tourne vers un jeune homme : il semble terrorisé, balbutie quelques mots incompréhensibles. Mon collègue, de son côté, n'a pas plus de succès : la vingtaine de personnes présentes semblent comme tétanisées par un réel traumatisme. Finalement, je m'assieds à la table de trois consommateurs installés à la terrasse du café d'en face et je leur dis sans détour : « De l'emplacement où vous êtes, vous n'allez pas me dire que vous n'avez rien vu ». Moment de silence. Puis, mis en confiance par ma décontraction et mon culot, ils commencent à parler, timidement d'abord, avant de devenir volubiles. J'apprends donc qu'une fusillade vient d'avoir lieu. Une fusillade entre les passagers de deux voitures. Un autre témoin raconte à mon collègue : « Il y avait deux voitures : une Wolkswagen, une Passat je crois, et une Ford Sierra blanche. Il devait y avoir deux ou trois occupants dans chacune des deux voitures. C'est le conducteur de la Ford Sierra qui a ouvert le feu sur l'un des passagers de la Passat. Il a tiré plusieurs coups. Oui, je crois que c'était un pistolet automatique. Mais je n'y connais rien. J'étais assez près pour voir : un homme a été blessé et pris en charge

par l'une des deux voitures ». Malheureusement, nous arrivions trop tard : les deux voitures avaient déjà disparu. Nous n'avions que les témoignages.

Nous informons le poste central de notre intervention. L'inspecteur nous demande de prospecter dans la rue à la recherche d'indices. Nous constatons alors qu'une voiture garée tout près de là, une Seat Ibiza, stationnée dans la rue des Trois Frères Le Goff, porte un impact de balle sur sa portière avant gauche, quelques centimètres au-dessus de la serrure. La propriétaire du bar dit avoir tout vu et souhaite déposer plainte. Nous l'invitons à se présenter au commissariat dès le lendemain matin. Pour le moment, il nous faut faire les constatations. Les renforts arrivent rapidement. Nous neutralisons la circulation des véhicules et des piétons. Sur place, nous trouvons finalement des cartouches de 7,65 mm non percutées, des douilles de même calibre et plusieurs taches de sang non coagulé. L'officier de police judiciaire, qui nous a rejoints, consigne les indices. Simultanément, nous recueillons les propos des personnes témoins de la scène devenus plus coopérantes.

Nous rentrons au poste une heure plus tard. Il faut retrouver les protagonistes. Si l'un d'entre eux a été blessé, il se trouve très probablement à l'hôpital. Nous appelons le service des urgences. Le médecin responsable nous informe qu'il vient d'accueillir un homme blessé par balles à une jambe. Nous partons immédiatement sur place.

A notre arrivée, nous remarquons une Passat blanche stationnée à l'entrée des urgences : elle ressemble à la voiture décrite par les témoins de la fusillade. Nous entrons aux urgences. Dans le couloir, nous rencontrons deux femmes. Elles semblent inquiètes. « Nous étions dans la Passat, avec notre ami. Il a été blessé. Nous venons de l'amener ici ». Elles nous indiquent l'endroit où la Ford Sierra est actuellement garée. Nous informons immédiatement l'officier de police judiciaire de la situation : sur son instruction, la Sierra est mise sous surveillance par la brigade de nuit. La victime doit être opérée rapidement : une balle lui a traversé le genou gauche ; une autre a pénétré dans la hanche gauche pour se loger près de l'os iliaque. L'auteur de la fusillade sera arrêté le soir même avec l'arme sur lui.

Tentative de suicide

Dans un quartier tranquille de Saint-Brieuc en novembre 1997. De service avec Séverine, nous sommes envoyés sur une nouvelle intervention : un incendie vient de se déclarer dans un garage. Le voisin qui se rendait à son travail a remarqué de la fumée sortant de l'habitation. Sur place, un second voisin nous informe qu'il a entendu un bruit sourd – peut-être une détonation – provenant de la maison, alors que le feu était déjà déclaré. Il nous explique encore que son voisin est dépressif depuis qu'il a divorcé. Muni de ces informations importantes, j'avise immédiatement le responsable des sapeurs-pompiers déployés sur place. Le chef décide alors d'envoyer quelques-uns de ses hommes visiter le pavillon.

Au premier étage, les pompiers découvrent la victime : ils nous appellent aussitôt afin que nous procédions aux constatations de rigueur. Dans une chambre donnant sur le jardin, un homme est allongé sur un lit. Le côté gauche de son visage est en partie arraché ; il est encore en vie. Un fusil de calibre 12 se trouve à ses côtés. Sur les murs de la pièce, des taches de sang, des fragments de chair... scène d'horreur... Le médecin des pompiers apporte les premiers soins à l'individu avant l'arrivée du SAMU. La situation semble claire : cet homme, vraisemblablement désespéré, a tenté de mettre fin à ses jours. Pour cela, il a non seulement voulu incendier sa maison, mais il a usé d'une arme à feu : assis sur son lit, il a porté le fusil sous son menton et a tiré ; l'arme s'est déportée, lui arrachant une partie du visage au lieu de le tuer.

Une fois l'incendie maîtrisé par les sapeurs-pompiers nous constatons que le garage et le véhicule qui s'y trouve sont entièrement détruits par le feu. Le rez-de-chaussée est noirci par la fumée. Des bandes de tissu ont été apposées sur le sol et dans l'escalier afin de diriger les flammes dans tout le pavillon. Toutes les pièces du rez-de-chaussée, du premier et du second étage sont reliées entre elles par ces lambeaux de chiffon imbibés d'un produit inflammable. La victime avait minutieusement préparé sa mort. Elle fut dirigée vers le centre hospitalier dans un état désespéré.

Chapitre 4

Notre institution

Formation

Au cours de ces trente années, la formation des gardiens de la paix évolua beaucoup. Dans les années soixante-dix seule une école instruisait les futurs policiers : le CAPU[19] de Vincennes à un niveau de recrutement certificat d'études primaires ou BEPC. Qu'il soit parisien ou provincial, le futur policier passait par le CAPU. Ce centralisme impliquait de gros problèmes de logement. Il fallait avoir recours au système D – chambre d'hôtel, appartement distant de 60 km de l'établissement, hébergement par la famille ou des amis le cas échéant. L'éloignement de la région natale, les difficultés de logement et d'adaptation, l'isolement occasionnaient un stress retentissant très souvent sur la vie personnelle. Par la suite, les horaires décalés et la rudesse du travail quotidien impliquaient des angoisses que certains ne pouvaient pas toujours surmonter.

La formation théorique durait environ quatre mois : tous les deux mois, une nouvelle session commençait. Le CAPU accueillait annuellement six sessions de 500 stagiaires : 3000 gardiens de la paix sortaient de l'école chaque année. Tous ces jeunes gens, rémunérés environ 1000 francs mensuels en 1968, étaient ensuite automatiquement affectés à la préfecture de police. Ils n'aspiraient qu'à une chose : rentrer chez eux et exercer dans leur région. Or, ils savaient que la moyenne d'attente pour une première affectation en province – pas obligatoirement dans sa région natale – était de dix à douze ans... Conséquence de cette organisation : beaucoup

---

[19] Centre d'Application des Polices Urbaines

de jeunes recrues à Paris – en première affectation dans la majorité des cas – et énormément de gardiens en fin de carrière en province.

Dans les années quatre-vingt-dix, le système a évolué. Désormais la formation théorique dure un an. Plusieurs écoles ont été créées en province permettant aux jeunes recrues d'être directement affectées en région à la fin de leur stage. Entre 1968 et 1998, c'est une génération et demie qui est passée sur les bancs de l'école des gardiens de la paix ! Par la suite, le niveau de recrutement s'est élevé par le fait même du nombre croissant de chômeurs cherchant un emploi. Le matériel a été intensivement modernisé ; l'informatique est entrée dans les mœurs ; les rapports sont devenus des procès-verbaux et ont pris une tout autre valeur judiciaire ; la tenue même s'est transformée : le képi a laissé place à la casquette, la vareuse au blouson...

Il va sans dire que le travail de gardien de la paix a beaucoup évolué entre ces deux dates. Mais il faut aussi comprendre qu'être policier à Paris ou à Saint-Brieuc relève de deux métiers différents. Le public parisien est plus hétéroclite : dans les années soixante-dix, nous avions affaire à une multitude de petits contrevenants, occasionnellement récidivistes, et à quelques grands malfrats. A Saint-Brieuc, nous intervenions auprès de quelques délinquants multirécidivistes et, par conséquent, très connus de nos services. La province est le territoire des petits délits et peines légères. Mais en trente années de carrière, ce qui me marque le plus est la montée du fléau de la drogue : en 1968, intervenir sur des affaires de stupéfiants était extrêmement rare. En 1998, ce type d'affaires relevait d'une banalité déconcertante : la détention d'un bout de haschisch ne faisait même plus l'objet d'une procédure ! Pourtant, entre ces deux dates, la loi n'avait pas changé !

Fonctionnement

Que dire sur le fonctionnement de notre institution policière ? Vu de l'intérieur, que peut-on ouvertement lui reprocher ? Comment, éventuellement l'améliorer ?

Il faut d'abord signaler qu'en France, il existe dans les faits deux polices : la police parisienne, ancienne police municipale, gérée par la préfecture de police et la police urbaine couvrant le reste de la France. A Paris, la loi du 9 juillet 1966 institue la police nationale, qui rassemble les personnels de la sûreté nationale et de la préfecture de police de Paris. Tandis qu'une direction générale de la police nationale est créée au sein du ministère de l'Intérieur, le préfet de police de Paris demeure le chef des services de police et l'intermédiaire obligé pour l'exercice de la sécurité. Tous les personnels deviennent alors fonctionnaires. Mais depuis 1966, à Paris, l'organisation de la police désormais nationale n'a pas véritablement changé : les rapports restent à l'en-tête de la préfecture de police, les képis arborent encore l'écusson de la préfecture de police, les gardiens de la paix profitent d'un hôpital, de restaurants et de services administratifs qui leur sont propres. La police parisienne vit toujours en autarcie, formant un milieu fermé, sous l'égide du ministère de l'Intérieur. Ce système permet bien évidemment de mieux contrôler et de mieux formater les personnels. Qui plus est, dans les années 60 et 70, la mainmise du RPR et de la mairie de Paris planait sur la police parisienne. En province, l'emprise du pouvoir politique est réelle mais nettement différente : la hiérarchie garde une plus grande indépendance de pensée.

Il y a encore, comme je l'ai toujours connu, au sein de l'administration – à Paris comme en province – des « faisant fonction » à tous les étages de la hiérarchie.

Qu'est-ce qu'un « faisant fonction » ? Sur le terrain, l'administration confie une responsabilité supérieure à certains fonctionnaires. Par exemple, on confie la responsabilité d'un car police secours à un sous-brigadier de police en lieu et place d'un brigadier. On attribue le rôle de commandant de police à un officier de paix. Même chose dans la police judiciaire. Les enquêteurs de police – ce corps n'existe plus aujourd'hui – sont en fait des fonctionnaires rattachés au corps des gardiens de la paix. Ils n'en effectuent jamais la mission : ce sont de « petits inspecteurs » de police sans avoir la qualification d'officier de police judiciaire. Au royaume des « faisant fonction », le ministère de l'Intérieur trouve évidemment son compte. Il fait tourner la boutique à moindre coup profitant du fait qu'il est toujours valorisant d'endosser une responsabilité supérieure. Mais si le fonctionnaire accepte sans rechigner, il espère toujours que l'administration reconnaîtra ses compétences et qu'il atteindra le grade supérieur et le salaire qui l'accompagne. Tel est le régime de la « carotte ». On responsabilise donc les fonctionnaires à moindre coût, sans pour autant accorder le passage à l'échelon ou au grade supérieur. Et cela se vérifie dans le milieu des gardiens de la paix comme dans celui de la police judiciaire. Pour plus de souplesse, après 1998, on a encore octroyé de nouvelles fonctions judiciaires aux gardiens de la paix.

Autre problème de fonctionnement : la gestion du matériel. Avant l'arrivée de Pierre Joxe au ministère de l'Intérieur, certains véhicules administratifs dataient des années trente ! Ils se trouvaient dans un état de délabrement lamentable : camions sans portes latérales, sans radio, difficiles à manœuvrer... L'essentiel des crédits était alloué au matériel de répression et aux équipements anti-émeutes, aux dépens du matériel de secours aux personnes. Les cars de police secours étaient pour la plupart vétustes, le transport des blessés et des morts restait déplorable : hygiène douteuse – les couvertures servaient à tous, du sans abri à la femme enceinte, sans être lavées entre chaque intervention ; le port des gants n'était pas de mise, etc. –, réapprovisionnement du petit matériel déficient... Il fallait sans cesse justifier l'utilisation de l'équipement et rédiger des rapports pour demander le remplacement du matériel manquant ou utilisé.

Les rapports, parlons-en ! Combien de milliers de rapports ai-je pu rédiger en trente ans de carrière ? Il y a les rapports d'interventions certes, mais tous ces rapports écrits pour expliquer un changement de situation familiale, pour un malaise sur la voie publique, pour informer d'un voyage à l'étranger... sont-ils vraiment nécessaires ? Pour l'administration, tout doit être clairement justifié ! Pire que l'Inquisition ! Et cette situation n'a pas vraiment changé à l'heure actuelle. On croule sous la paperasse. Certains gouvernements ont bien tenté d'alléger ce système mais, d'un point de vue pratique, sur le terrain, nous n'avons pas senti la différence. Oui, la main courante informatisée remplace le bon vieux procès-verbal mais est-ce pour autant une révolution ?

Pour finir, je ne peux pas ne pas évoquer certains dysfonctionnements de l'administration dont sont victimes les fonctionnaires eux-mêmes. Je ne citerai qu'un exemple extrêmement instructif : les vols d'affaires personnelles que subissent les policiers au sein même du commissariat. En août 1986, on me vole 40 francs dans mon placard administratif ; en août 1988, on dérobe mon porte-monnaie et 20 francs qui se trouvaient dans la poche de mon pantalon posé dans le vestiaire ; en avril 1990, 40 francs disparaissent de mon porte-monnaie pendant mon service ; en novembre 1990, on fouille mon placard et on me vole encore plus de 120 francs ! La liste est longue. A chaque fois, je dépose plainte auprès de mon administration. Mais jamais on n'y donne suite. En avril 1999, en retraite depuis quelques mois, exaspéré par ces vols à répétition dont j'ai été victime depuis des années, j'écris une longue lettre au procureur de la République de Saint-Brieuc pour lui exposer les faits et solliciter son intervention. Jamais je ne recevrai de réponse...

Chasse au faciès

A ceux qui parlaient de « ratons », de « bougnoules » et de « crouilles », je demandais de réfléchir à ces trois questions simples: « Pourquoi sont-ils là ? Qui les a fait venir ? A qui leur présence profite-t-elle ? » Les réponses sont ironiquement simples. « Pourquoi sont-ils là ? » Parce que nous les avons colonisés, exploités et avons empêché leur développement économique. Désormais, ils meurent de faim chez eux et n'ont plus d'autre choix que de venir s'installer chez nous. « Qui les a fait venir ? » Pas moi, pas nous, mais le général de Gaulle. « Au profit de qui ? » Pas de moi, ni de nous, mais du patronat qui les exploite honteusement, aussi bien dans le bâtiment que dans les usines, sans se préoccuper de leurs conditions de vie. Ce sont les gens qui vident nos poubelles ! Ceux qui nous donnent, gracieusement, un couscous pour notre déjeuner ! Il serait aussi bon, parfois, de se demander comment et pourquoi un jeune est tombé dans la délinquance ; pourquoi ses parents le laissent vagabonder dans la rue à des heures indues ; pourquoi ces gens-là vivent dans des ghettos et pourquoi ils sont au chômage. Ces explications simples ont aujourd'hui fait leur chemin dans beaucoup d'esprits, mais pas tous malheureusement.

Le policier est l'ouvrier d'une police civique ; il a une conscience. Trop de fonctionnaires se laissent conditionner par des idéologies qui ne sont pas les leurs :

sous influence, ils agissent alors contre leur gré. Celui qui n'est pas raciste parfois le devient. Je me souviens d'un gradé qui disait que s'il n'y avait pas les « Bougnoules » nous n'aurions rien à faire ! A force d'entendre de telles inepties, trop de jeunes policiers, perméables à ce genre de propos, deviennent de vrais racistes. Lors d'une garde au petit poste de la Chapelle, l'un de mes collègues avança que tous nos problèmes venaient des « Bougnoules ». J'ouvris alors le livre des gardes à vue pour comptabiliser le nombre d'Arabes interpellés les semaines précédentes. Malgré le contexte particulier du XVIIIe arrondissement, sur cent personnes arrêtées, seules quarante étaient effectivement d'origine étrangère. Nous étions très loin des chiffres avancés par la hiérarchie !

Cette chasse au faciès est malheureusement le lot quotidien du policier des années 70. La chasse au faciès c'est la répression à destination exclusive des personnes sans défense : immigrés, jeunes, sans-abri... On ne s'en prendra pas à l'homme d'affaires ou au patron de bar : beaucoup trop puissants ! Ils ont des relations ; ils pourraient poser des problèmes ! Il est plus aisé d'interpeller des personnes non récalcitrantes, d'éviter ainsi toute prise de risque, tout en améliorant le rendement administratif ! Le contrôle au faciès est la conséquence même du contrôle de facilité : il s'agit de faire du chiffre pour améliorer sa notation. Quelle honte ! Pourquoi en est-on arrivé là ? La notation du fonctionnaire est liée à son activité : celui qui n'intervient pas est un incompétent ; il sera mal noté ; son avancement en sera d'autant ralenti. Raisonnement logique du gardien de la paix ambitieux : pour justifier ma notation et ma progression, je dois effectuer des interpellations sans risques. Or, contrôler sans motif est impossible : on ne peut contrôler un individu qu'en vertu d'une infraction constatée. Par contre, interpeller un immigré est chose facile : il se laisse très souvent faire sans rechigner, persuadé lui-même qu'il a effectivement commis une infraction. Il le sait : dans la société post-68, être un immigré c'est être en infraction !

Je n'ai jamais adhéré à cette stratégie. J'ai toujours refusé que mon avancement puisse être dû à une seule injustice. Peut-être ai-je eu de la chance, mais j'ai toujours marché au « feeling » : j'ai bénéficié d'un flair, d'un sens inné, qui m'a toujours dirigé vers la bonne piste. Dans le cadre de mes interventions, j'ai très rarement fait fausse route : un regard, une attitude, un mot sont autant d'indices mettant sur la voie d'une affaire suspecte. Et si parfois le sort a fait que je me sois trompé, je n'ai jamais hésité à présenter mes excuses, même dans le cadre de contrôles systématiques. Le respect de la personne, telle a toujours été ma priorité.

Alcoolisme

Dire que l'alcoolisme est un fléau de notre société n'est pas un vain mot. Ce qui est le plus incompréhensible depuis des décennies c'est de voir de grandes sociétés – pensons à une certaine boisson anisée ou à ces marques de bière – autorisées à parrainer des événements sportifs. Comment lutter contre l'alcoolisme si on valorise ainsi les boissons alcoolisées ? Comme lutter si on encourage ainsi les gens – qui plus est les jeunes – à boire en même temps qu'on le leur interdit ? Dans cette affaire, on constate le pire et son contraire.

Mais qui sombre dans l'alcoolisme ? Le clochard, le déraciné de la vie, qui boit pour oublier son quotidien, pour « se réchauffer », est aujourd'hui encore une terrible réalité. Mais il faut aussi évoquer cet alcoolisme mondain, celui autrefois réservé à la noblesse et à la bourgeoisie, qui sévit dans les réceptions et les soirées de toutes sortes. Cette forme de « beuverie » n'est plus réservée à une élite de notables, de stars et d'artistes un peu originaux : elle s'est étendue à toutes les catégories sociales, de l'étudiant au retraité, de l'ouvrier au cadre supérieur. L'alcool, la fête, les copains... tel est le trio gagnant !

A l'heure actuelle – et le phénomène n'est bien évidemment pas nouveau – on est incapable de faire la fête sans l'alcool. Je n'ai absolument rien contre ce fait. Le problème c'est l'abus, le « no limit ». Et le danger est que boire modérément peut, lentement et insidieusement, faire glisser vers l'alcoolisme. La barrière est dangereusement invisible. D'autre part, l'alcoolisme coûte très cher à la société. L'alcool est la cause de nombreuses longues maladies et de graves accidents de la route occasionnant souvent de très lourds handicaps. Sans parler du taux de mortalité.

La loi Evin fut un réel progrès : interdire la publicité en faveur de l'alcool était une avancée considérable. Mais les industriels sont rapidement montés au créneau : cette nouvelle loi induisait pour eux de lourdes conséquences économiques. Ils ont su détourner la loi, inventant par exemple ces fameux « premix » à l'intention de la jeunesse, sortes de sodas légèrement alcoolisés qui savent si bien, déjà, créer une accoutumance. Et les industriels bénéficient d'un atout : au quotidien, la loi Evin est souvent inappliquée pour ne pas dire inapplicable. Pensons aux matchs de football ou de rugby et à leur célèbre « troisième mi-temps ». Pensons encore à l'importance sociale et économique du « bistrot du village », qui est bien souvent le cœur même de la communauté rurale : on s'y retrouve, on y crée du lien social, on refait le monde... et cela plus souvent autour du sempiternel « ballon de blanc » que du traditionnel « petit noir ». S'attaquer à l'alcoolisme est un projet vain : les forces économiques l'emporteront.

Moi aussi, j'ai fait la fête, comme tout le monde. J'ai parfois bu plus que de raison. Mais c'est à chacun de comprendre que le fossé entre consommation festive et alcoolisme est peu profond : quand on se rend compte qu'on l'a franchi, il est déjà trop tard.

A Paris, il était strictement interdit de consommer de l'alcool au sein des commissariats sous peine de sanctions. Existaient bien évidemment les traditionnels « pots de naissance », « pots de mariage », « pots de départ », etc., mais toujours de façon encadrée. Il y avait aussi, comme dans tout autre milieu social, des alcooliques notoires mais ils bénéficiaient d'une sorte de « non vu » : on fermait les yeux sur leur situation – voire sur leur existence – et on n'affrontait en aucun cas leur mal-être ; on les cachait du public en les installant à des postes d'arrière-garde. Au fil des années, le « vieux flicard pochtron » devint un individu en voie de disparition. La hiérarchie avait su prendre quelques dispositions, imposant des contrôles stricts, pour opérer une sorte de grand ménage dans ses rangs. Ainsi, on vit la création d'un centre médicalisé accueillant aussi bien des dépressifs que des alcooliques, implanté dans le centre de la France et géré par une association de police. Dans ce centre, les alcooliques devaient être désintoxiqués. Hospitalisés ou bien relégués à des fonctions bureaucratiques, les gardiens de la paix alcooliques disparurent peu à peu : l'alcoolisme se fit tranquillement moins visible à Paris qu'en province.

Car en province, en particulier à Saint-Brieuc, le problème ne se posait pas de la même façon. Il faut d'abord se rappeler qu'à Saint-Brieuc, 80% des interventions sont plus ou moins liées à l'alcool : les conduites en état d'ivresse ou en état alcoolique certes, mais aussi les différends familiaux ou les accidents des vendredis et samedis soir sont, la plupart du temps, causés par des individus ivres. Si l'alcoolisme n'est pas une spécificité bretonne, il reste un fléau inquiétant, qui n'a fait que croître au cours de mes quinze ans de carrière. Au sein même de la police, le problème était de taille. Certes l'alcool était interdit dans l'enceinte du commissariat, mais comme dans tous les postes, il existait bien un bar officieux : chaque brigade gérait son propre bar annexe. L'habitude voulait qu'on ne pouvait quitter son service sans avoir partagé un apéro. Certains de mes collègues consommaient jusqu'à trois ou cinq verres avant de prendre leur voiture pour rentrer chez eux. N'est-ce pas là une forme d'alcoolisme qui s'ignore ?

Je peux citer maintes anecdotes illustrant ce problème. J'ai dû par exemple refuser d'embarquer avec un chauffeur de car de ronde totalement ivre. Lors d'une intervention, l'un des membres de l'équipage fit une crise de démence, conséquence de quelques verres de trop. Il y eut aussi cet inspecteur qui commençait à prendre l'apéritif à 11h30 et ne quittait le bar qu'une fois sa bouteille de whisky vidée : il rentrait ensuite avec sa voiture de service... Devant cette réalité, la hiérarchie fuyait ses responsabilités. Il y eut bien, dans les années quatre-vingt-dix, une campagne nationale de lutte contre l'alcoolisme. Un film réalisé par le ministère devait être diffusé dans les commissariats. Il ne fut jamais présenté à Saint-Brieuc : ordre du commissaire, lui-même ayant quelques soucis avec la boisson. Il y eut aussi ce colloque organisé à Rennes où je pus m'exprimer : là encore, aucune suite connue. La bonne volonté s'affichait partout sans qu'aucune action ne soit jamais entreprise. Comme cet officier de paix qui m'avait dit un beau jour : « Si vous voyez un gars bourré, vous me le signalez ». Chose faite quelques jours plus tard quand je vis l'un de mes collègues complètement affalé en salle de repos après avoir ingéré de nombreux apéritifs : malgré mon intervention auprès de ma hiérarchie, ce policier put cuver son vin sans être inquiété ! Il est évident que l'administration a toujours fui ses responsabilités quant à ce problème. Les alcooliques notoires sont cachés derrière des bureaux, privés de tout contact avec le public. Dire que ce phénomène n'existe pas au sein de la police est une façon de se moquer du monde : il y a des policiers alcooliques du bas en haut de l'administration, y compris au sein de la hiérarchie.

Femmes gardiens de la paix

Hiver 1977 : le ministre de l'Intérieur du gouvernement Barre annonce l'ouverture du corps des gardiens de la paix aux femmes. Cette décision fait rapidement des vagues au sein du corps policier – corps extrêmement machiste ! –, y compris au sein de la CGT-Police. Un article qui paraît à l'époque ne mérite d'ailleurs pas mon approbation :

« Gardien de la paix au féminin.

(...) Dans une récente décision, le ministre de l'Intérieur a annoncé que le corps des gradés et gardiens de la paix serait désormais ouvert aux femmes. Nous connaissons aujourd'hui une telle situation pour le corps des enquêteurs, des inspecteurs et des commissaires de police. Pour trois catégories, cela ne semble pas poser apparemment de questions majeures (...).

Alors, tenant compte qu'il existe des femmes enquêteurs, inspecteurs et commissaires, nous pensons qu'il n'y a aucune objection fondamentale à ce que du personnel féminin ait accès au corps des gradés et gardiens de la paix de la police nationale. Cependant, nous sommes en droit de nous interroger sur les aménagements qui devront être pris par l'administration afin d'aider au mieux les femmes à s'insérer pleinement dans cette profession.

En effet, si l'on considère qu'une femme gardien de la paix doit être logiquement considérée et employée de la même manière que son collègue masculin, sans discrimination aucune, dans ces conditions, feront-elles rigoureusement le même travail ? A savoir, d'une part, les tâches de sécurité publique et, d'autre part, les tâches de maintien de l'ordre. Feront-elles les nuits ? S'il en était ainsi, l'accès aux différentes spécialisations devraient les amener, premièrement, dans les compagnies républicaines de sécurité qui, comme nous le savons, sont le plus souvent utilisées à des tâches de maintien de l'ordre plutôt qu'à des tâches de sécurité publique (...). Deuxièmement, dans les corps urbains, assureront-elles les mêmes servitudes que leurs homologues masculins, sachant que le travail de voie publique nécessite une forme et une force physique indispensables à certaines interventions (accidents graves de voie publique, barrages en général, cadavre et ramassage des ivrognes, etc.)[20] ».

Le débat explose durant les mois suivants. A l'été 1978, le ministère de l'Intérieur annonce fièrement que le prochain concours d'entrée dans la police nationale – prévu en septembre – sera ouvert au personnel féminin. Mais Pascal Martini, notre secrétaire général s'indigne :

« Avec environ 1 600 000 chômeurs dans notre pays, plus de la moitié sont des femmes et des jeunes.
Avec tous ces vacataires, agents de bureau de voie publique, auxiliaires féminines, le recrutement des femmes

---

[20] *La Voix de la Police nationale*, Paris, janvier-février-mars 1977, n° 37.

pour le prochain concours d'entrée de la police nationale se chiffrera à 50.

Nous proposons immédiatement :

– que les agents de bureau de voie publique bénéficient du même statut que les gardiens, en assumant les mêmes tâches, après avoir fait un stage de formation ;

– que tous les vacataires soient titularisés dans le corps des personnels administratifs ;

– que le recrutement pour le personnel féminin soit plus important.

A quoi bon savoir que le personnel féminin a accès à l'entrée dans la police nationale si son nombre est très limité, voire inexistant[21] ».

En mars 1979, 55 femmes gardiens de la paix sont effectivement en service sur le territoire français. Les cinq années suivantes verront l'arrivée de plusieurs centaines d'autres femmes policières : en 1980, 100 fonctionnaires ; en 1981, 98 ; en 1982, 736 ; en 1983, 515 ; en 1984, 140. Cela représente en cinq ans un potentiel de 1600 femmes gardiens de la paix.

De 1984 à 1991, le recrutement s'est amplifié. Mais la place de la femme dans la police active est toujours marginale. Les vieux démons, issus des millénaires d'asservissement de la femme, sont toujours bien vivants. Et pas seulement dans la police. Nombreux sont ceux qui pensent encore que certains métiers sont exclusivement masculins. Les textes promulguant l'égalité des sexes existent certes, mais ils ne sont certainement pas appliqués dans leur intégralité ni dans tous les milieux. A Saint-Brieuc, en fin de carrière, j'ai remarqué que la seule

---

[21] *La Voix de la Police nationale*, Paris, juillet-août-septembre 1978, n°43, p. 6.

femme de la brigade était très souvent de service en ma compagnie : il y a des rejets que certains avaient probablement honte d'assumer.

La police et le citoyen

Il ne faut pas oublier que l'administration policière est structurée de façon à conditionner ses fonctionnaires. C'est une machine à broyer les esprits : un système larvé de mise en condition. Les policiers sont-ils vraiment au service des citoyens ? Bien sûr que non ! Ils sont évidemment au service du grand capital. La machine est bien huilée : protéger le grand capital c'est éliminer tous les dangers potentiels – immigrés, jeunes récalcitrants, sans-logis, sans-papiers... – c'est-à-dire procéder à une chasse aux sorcières. Le risque ? Un dérapage : la bavure policière. Au début des années 70, l'on parlait, dans les services, de la chambre d'aveux spontanés. Inutile de préciser ce qui se passait dans ce local, rien que le nom y suffit ! Heureusement, ce système a progressivement disparu, ce qui ne signifie pas pour autant qu'il ne puisse y avoir ici ou là quelques passages à tabac. Si le flic, au lieu d'être encouragé à faire du chiffre, était sanctionné en cas de dérapage, tout fonctionnerait correctement ! Bien sûr, il existe des lois qui punissent les fonctionnaires de ce genre, mais les sanctions réelles et appliquées sont loin d'être les mêmes que les sanctions théoriques : celui qui ne respecte pas la loi reste bien souvent impuni ou se voit couvert d'une peine de principe.

La force du gardien de la paix est pourtant de rester maître de lui-même, de savoir garder son calme, en toute situation. Mais un autre élément vient parfois s'opposer à ce principe fondamental : l'esprit de corps. Toucher à un policier c'est toucher à soi-même. Tout stagiaire est ainsi conditionné dès ses premiers mois de formation. La confrontation de ces deux principes – la maîtrise de soi et l'esprit de corps – mène parfois à la bavure.

Les années 70 sont marquées par un grave problème de confiance à l'égard de l'institution : mai 68, les scandales de l'époque giscardienne, la mort de Mesrine ont affublé la police nationale d'une image ultrarépressive. La mission sociale de la police est occultée par ce côté répressif. Dans les années 80, la rencontre des gardiens de la paix avec les jeunes des quartiers – grâce notamment au programme police/sport/prévention – lui redonne une image positive. Quand le gouvernement de gauche mit en place ce dispositif, les politiques de droite furent épouvantés. Certains allèrent jusqu'à dire que nous allions apprendre aux « Nègres » et aux « Bougnoules » à faire de la moto et du karaté pour qu'ils puissent mieux nous voler et nous agresser ! Or, il faut instaurer une police de proximité, créer des commissariats de quartier. Il faut communiquer, dialoguer.

C'est avec cela que les incompréhensions disparaîtront au bénéfice d'une confiance réciproque. Il faut bien voir que la perception de la police au sein d'une population est fonction des intentions et de la personnalité du ministre qui la dirige. Que penser de ce ministre de l'Intérieur qui remercia des commissaires de police qui jouaient au foot avec de jeunes Toulousains ? Il ne faut pas oublier que le policier est aussi un éducateur : il est un soutien nécessaire dans l'amélioration de la vie quotidienne dans les cités.

Conclusion

Le 13 avril 1998, j'effectuai mon dernier jour de service. Une inconnue subsista pendant plusieurs mois : le devenir de ma carte de police. Elle ne me fut jamais réclamée par l'administration ! Je l'enverrai au ministre de l'Intérieur, accompagné d'un mot corrosif, quelques mois plus tard. Là encore, aucune réponse ne me parviendra. Je viens de donner 30 ans de ma vie au service de l'État ! En 1967, j'avais dit à mon père que je serais en retraite à 55 ans. C'est chose faite.

Dans les semaines qui suivirent ma fin d'activité, je fus sollicité par plusieurs chefs d'entreprises privées désireux de m'embaucher : un grand magasin, une compagnie d'assurances, une entreprise de mareyage, une société de transport de personnes... Je refusai chacune de ces propositions : fort de mes convictions de citoyen responsable, je ne pouvais envisager de cumuler ma retraite et une activité salariée dans une période de forte récession économique. Tant de jeunes gens avaient réellement besoin de ces places pour vivre ! Je n'étais pas à plaindre : ma retraite, même si elle n'était pas faramineuse, se montrait tout à fait décente. Et j'espérais profiter de tout ce temps libre pour mener à bien quelques projets...

Mais quel bilan dresser après ces trente ans de carrière ?

Ma vie n'a été qu'ouverture vers le monde extérieur. Je n'ai jamais accepté de devoir me cantonner, me cloisonner, dans le carcan de la « grande famille » de la police. J'aurais pu, comme bien d'autres, profiter de toutes ces belles planques offertes par mon administration. Mais mon combat était de lutter contre ce système. Je ne pouvais donc, en aucun cas, accepter un quelconque traitement de faveur sans me mettre en porte-à-faux. Je voulais rester droit et honnête avec moi-même ; prouver ainsi à tous ceux qui m'ont harcelé que l'on peut être trente ans sur le bitume en tenue de flic, au contact direct de la population, sans jamais être sanctionné pour des motifs professionnels, et ressortir intact de cette machine à broyer les consciences. Après ces trente années, je quittai l'administration policière avec les mêmes convictions qu'en y entrant. La police est une caste à laquelle je ne voulus pas appartenir. Etre policier fut pour moi un métier, un moyen de gagner ma vie, mais pas une vocation. Je suis policier. Je suis un citoyen ordinaire, un mari, un père de famille, un consommateur...

Un flic atypique ? Oui certainement ! Je le revendique haut et fort.
Je suis atypique d'abord et avant tout pour avoir donné trente ans de ma vie à l'Etat : 30 ans en tenue, au contact du public, de tous les publics, dans le plus grand respect.
Atypique aussi par ma pensée, ma réflexion particulière, mes convictions politiques.
Atypique encore pour n'avoir jamais reçu de sanctions administratives pour des faits professionnels : les seules sanctions dont j'ai été accablé ont toujours été liées à mon statut de syndicaliste. Ma carrière de gardien de la paix est sans tache et c'est l'une de mes plus grandes fiertés.
Atypique toujours pour n'avoir jamais été promu ! Trop dangereux aux yeux de ma hiérarchie, j'aurais probablement prêché la mauvaise parole !
Trop atypique enfin, parce que fervent défenseur de l'article 12 de la Déclaration des droits de l'homme et du citoyen, article qui orienta ma vie de 1969 à aujourd'hui...

Annexes

Annexe 1 : bilan des interventions, Paris (1969-1983)

Nombre d'interventions	447
Nombre de mises à disposition de la police judiciaire	249

Type d'intervention	Nombre
Infraction grave au code de la route	81
Défaut de permis de conduire	15
Défaut d'assurance	18
Infraction taxi	8
Non-transfert de carte grise	20
Véhicule faussement immatriculé	2
Conduite en état d'ivresse	6
Véhicule épave	9
Différend	26
Tentative de suicide	1
Tentative d'homicide	1
Personne décédée	1
Malaise sur voie publique	9
Blessé sur la voie publique	3
Morsure de chien	2

Type d'intervention	Nombre
Chute fortuite	9
Parturiente	1
Vagabondage	14
Outrage, rébellion	7
Refus d'obtempérer	1
Voie de faits	2
Menaces de mort sous conditions	1
Personne ne jouissant pas de ses facultés	4
Infraction à la législation sur les étrangers	29
Mineur en fugue	9
Mineur en danger moral	2
Enfant égaré	3
Pédophilie	2
Exhibitionnisme	1
Coups et blessures volontaires	12
Ivresse publique et manifeste	5
Infraction police dans le métro	1
Tapage nocturne	1
Jet de pétards	1
Grivèlerie	1

Type d'intervention	Nombre
Infraction à la législation des stupéfiants	12
Fiche de recherches	36
Escroquerie	1
Trafic d'armes	1
Port d'arme à feu	3
Port d'arme par destination	1
Port d'arme de 6ème catégorie (notamment couteau à cran d'arrêt, lame éjectable, etc.)	10
Vol à main armée	1
Vol d'outillage	1
Vol de briquet « Dupont »	3
Vol de bijoux	1
Vol de disques	1
Vol de coffre-fort	1
Vol de papiers d'identité	1
Vol de tiroir-caisse	1
Vol d'essence	2
Vol de chèques	4
Vol de bouteilles de gaz	1
Vol de sac à main	1
Vol par salarié	1
Vol sur chantier	1
Vol dans commissariat	1

Type d'intervention	Nombre
Vol d'accessoires	7
Vol à la roulotte (vol dans une voiture)	7
Vol avec effraction	16
Vol avec violence	7
Vol à la tire (vols de portefeuilles dans un lieu public sans que la victime s'en aperçoive)	7
Vol à l'étalage (vol sur l'étal d'un commerce)	11
Vol de cyclomoteur	44
Vol de vélomoteur	3
Vol de motocyclette	8
Vol de voiture	16
Vol de véhicule lourd	1
Recel de vol	2
Découverte de véhicule volé	7
Faux billets	1
Faux et usage	3
Feu	5
Fuite d'eau	2
Bris de clôture	1
Opération propreté	1
Divers	31

Annexe 2 : bilan des interventions, Saint-Brieuc (1984-1998)

Nombre d'interventions	929
Nombre de mises à disposition de la police judiciaire	506

Type d'intervention	*Nombre*
Infraction grave au code de la route	45
Conduite en état d'ivresse	218
Défaut de permis de conduire	107
Défaut d'assurance	140
Défaut de contrôle technique	12
Non-transfert de carte grise	88
Défaut de carte grise	3
Filouterie (prendre un taxi et ne pas régler la note)	1
Différend	27
Outrage, rébellion	8
Outrage à magistrat	1
Infraction à la législation des étrangers	3
Personne décédée	6
Homicide	1
Parricide	1
Tentative de suicide	5

Type d'intervention	*Nombre*
Suicide	1
Malaise sur voie publique	0
Blessé sur la voie publique	2
Accident de travail	7
Accident mortel	1
Tentative de viol	1
Viol	1
Agression	3
Coups et blessures volontaires	56
Chute fortuite	1
Morsure de chien	1
Personne ne jouissant pas de ses facultés	2
Refus d'obtempérer	7
Refus de se soumettre aux vérifications	3
Délit de fuite	6
Voie de faits	2
Menaces de mort sous conditions	4
Tentative de corruption	1
Travail clandestin	1
Mineur en fugue	19
Mineur en danger moral	1
Fiche de recherches	66
Ivresse publique et manifeste	22
Tapage nocturne	2

Type d'intervention	Nombre
Grivèlerie	1
Infraction au code des débits de boissons	1
Fermeture de bar tardive	8
Bris de vitrine	1
Véhicule faussement immatriculé	7
Faux et usage	2
Exhibitionnisme	4
Outrage public à la pudeur	7
Infraction sur la législation des stupéfiants	21
Ivresse publique et manifeste	17
Port d'arme à feu	17
Port d'arme par destination	1
Port d'arme de 6ème catégorie	23
Coup(s) de feu	3
Menace par arme à feu	1
Vol à main armée	3
Vol divers	13
Vol de bijoux	1
Vol de tiroir-caisse	3
Vol d'essence	6
Vol de chèques	7
Vol de carte bleue	2
Vol de sac à main	1
Vol de lapins	1

Type d'intervention	Nombre
Vol d'électricité	1
Vol sur chantier	3
Vol dans caves	1
Vol d'accessoires	2
Vol à la roulotte	12
Vol avec effraction	26
Vol avec violences	17
Vol à l'étalage	8
Vol par rétention	1
Vol sur personne vulnérable	1
Vol de vélo	5
Vol de cyclomoteur	68
Vol de motocyclette	3
Vol de voiture	34
Recel de vol	2
Violation de domicile	3
Dégradations volontaires	39
Incendie	14
Feu	4
Explosion	1
Alerte à la bombe	3
Fuite de gaz	1
Divers	49

Table des matières

Introduction 7

PARTIE I: JEUNESSE 11

Chapitre 1 : Grandir en Charente 13
Tonnay-Charente 15
Milieu familial 17
Une éducation ouvrière et pacifiste 21

Chapitre 2 : Une adolescence à Aubervilliers 25

Chapitre 3 : 1963-1964, le service militaire 35

Chapitre 4 : Intégrer la police nationale 45
Retour à la vie civile 47
Elève gardien de la paix (1968-1969) 50
Stage pratique (1969) 56

**PARTIE II : 15 ANS DE CARRIÈRE
À PARIS XVIIIe** 63

Chapitre 1 : Gardien de la paix stagiaire (1969-1970) 65

Chapitre 2 : Gardien de la paix en tenue 75

Chapitre 3 : Faits divers	83
Vols de voiture..	85
Vols de cyclomoteurs..	89
Vols divers...	92
Paradis artificiels...	97
Enfants perdus	101
Sang-froid..	106
De tout, de rien	112
Chapitre 4 : Affaires médiatiques............................	117
Le hold-up de Barbès	119
Mesrine...	125
Chapitre 5 : Vivre "Police"	133
Chapitre 6 : Syndicalisme	143
Du syndicat autonome à la CGT-Police..................	145
Le syndicat des Pervenches....................................	152
Atteintes aux libertés syndicales.............................	157
L'affaire Marietti	169
Police et politique	183

**PARTIE 3 : 15 ANS DE CARRIÈRE
À SAINT-BRIEUC**.. 197

Chapitre 1 : Un nouveau métier...............................	199
Chapitre 2 : Interventions..	209
Affaires courantes	211
Interventions majeures	223
Agressions de gardiens de la paix	223
Voiture contre locomotive	225
Flagrant délit de vol à main armée......................	227
Incendie	228

Homicide	230
Fusillade	233
Tentative de suicide	235
Chapitre 4 : Notre institution	237
Formation	239
Fonctionnement	241
Chasse au faciès	244
Alcoolisme	246
Femmes gardiens de la paix	250
La police et le citoyen	253
Conclusion	255
Annexes	259
Annexe 1 : bilan des interventions, Paris (1969-1983)	261
Annexe 2 : bilan des interventions, Saint-Brieuc (1984-1998)	265

L'HARMATTAN, ITALIA
Via Degli Artisti 15 ; 10124 Torino

L'HARMATTAN HONGRIE
Könyvesbolt ; Kossuth L. u. 14-16
1053 Budapest

L'HARMATTAN BURKINA FASO
Rue 15.167 Route du Pô Patte d'oie
12 BP 226
Ouagadougou 12
(00226) 76 59 79 86

ESPACE L'HARMATTAN KINSHASA
Faculté des Sciences Sociales,
Politiques et Administratives
BP243, KIN XI ; Université de Kinshasa

L'HARMATTAN GUINÉE
Almamya Rue KA 028
En face du restaurant le cèdre
OKB agency BP 3470 Conakry
(00224) 60 20 85 08
harmattanguinee@yahoo.fr

L'HARMATTAN CÔTE D'IVOIRE
M. Etien N'dah Ahmon
Résidence Karl / cité des arts
Abidjan-Cocody 03 BP 1588 Abidjan 03
(00225) 05 77 87 31

L'HARMATTAN MAURITANIE
Espace El Kettab du livre francophone
N° 472 avenue Palais des Congrès
BP 316 Nouakchott
(00222) 63 25 980

L'HARMATTAN CAMEROUN
BP 11486
Yaoundé
(00237) 458 67 00
(00237) 976 61 66
harmattancam@yahoo.fr

637490 - Janvier 2016
Achevé d'imprimer par